毎日《まいにち》
楽《たの》しい！

マインクラフトで学《まな》ぶ

お友《とも》だちと なかよく過《す》ごすための ルール

東京学芸大学名誉教授
相川 充 監修

マイクラ職人組合 著

宝島社

もくじ

マインクラフトってこんなゲーム……4
マイモブしんだん……8
そのほかのキャラクター……13
かわいい動物《どうぶつ》たち……14

第《だい》1章《しょう》 友《とも》だちづくりのルール

まわりにはどんな人《ひと》が いるかな？……16
あいさつでつながろう……20
みんなちがってすてき！……24
「なにが好《す》き？」で おはなししよう……28
おしゃべりが広《ひろ》がるひみつ……32
遊《あそ》びのきっかけをつくろう……36
マイクラのお友《とも》だち……40

第《だい》2章《しょう》 なかよしのルール

小《ちい》さな「ありがとう」が うれしい！……42
意見《いけん》がくいちがったら？……46
ケンカしてもなかなおり……50

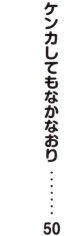

苦手《にがて》な友《とも》だちが来《き》たら？……54
助《たす》け合《あ》えばなかよしに……58
みんなの輪《わ》に、入《はい》ってみよう……62
いやと言《い》うときはやさしく……66
なかまはずれを見《み》かけたら……70
うわさ話《ばなし》って本当《ほんとう》のこと？……74
悪口《わるぐち》を言《い》われたら？……78
べんりなアイテムしょうかい……82

第《だい》3章《しょう》 自分《じぶん》を大切《たいせつ》にするルール

本当《ほんとう》の気持《きも》ちを伝《つた》えよう……84
失敗《しっぱい》も大切《たいせつ》なけいけん……88
自分《じぶん》をほめてあげよう……92
うらやましいと感《かん》じたら……96
ひとりの時間《じかん》も大切《たいせつ》だよ……100
モヤモヤした気持《きも》ちになったら……104
イライラしたら いったんストップ！……108
こまったときは 「助《たす》けて」と言《い》おう……112
新《あたら》しい自分《じぶん》にちょうせん……116
ちょっと変《か》わったブロック……120
みんなで使《つか》うまほうの言葉《ことば》……122
さっそく今日《きょう》からはじめよう！……124

マインクラフトってこんなゲーム

マインクラフトについて、どれくらい知《し》っているかな？

ブロックでつくられたふしぎな世界《せかい》

マインクラフトは、見《み》わたすかぎり、四角《しかく》いブロックでつくられた世界《せかい》が広《ひろ》がっているよ。山《やま》や木《き》もすべてブロックなんだ。

いろんな場所《ばしょ》があるんだ

はてしなく広《ひろ》がるさばく。どこかにピラミッドがあるんだよ。

海《うみ》の中《なか》にも、ブロックの世界《せかい》が広《ひろ》がっているんだ。海《うみ》のそこにも建物《たてもの》が見《み》えるね。

ブロックでなにかをつくったり

世界中《せかいじゅう》に置《お》かれているブロックを取《と》ったり、ブロックをつくったりして、自分《じぶん》で新《あら》たな建物《たてもの》をけんちくできるんだ。げんじつの世界《せかい》では見《み》たことがない建物《たてもの》をつくることだってできるよ。

森《もり》で木《き》を集《あつ》め、ログハウスをつくってみたよ。

動物《どうぶつ》の形《かたち》をした家《いえ》をつくることだってできるんだ。

村《むら》でのんびり過《す》ごしたり

むげんに広《ひろ》がっている世界《せかい》のどこかには、いくつかの村《むら》があるんだ。そこには、村人《むらびと》たちが生活《せいかつ》しているよ。畑《はたけ》で作物《さくもつ》を育《そだ》てたり、強《つよ》いぶきやアイテムをつくって過《す》ごしているんだ。

村《むら》に住《す》む人々《ひとびと》といっしょに動物《どうぶつ》や植物《しょくぶつ》を育《そだ》てるというのも、楽《たの》しみ方《かた》のひとつだ。

いろんな生《い》き物《もの》がくらしているよ

マインクラフトの世界《せかい》を歩《ある》いていると、いろんな生《い》き物《もの》に出会《であ》うんだ。ウシやブタなど、げんじつの世界《せかい》と同《おな》じ動物《どうぶつ》たちが、のんびり生活《せいかつ》しているよ。エサをあげて、かいならすこともできるよ。

草原《そうげん》にあらわれるウシ。バケツを使《つか》えばミルクをしぼれる。

ウマに乗《の》って速《はや》く走《はし》ることもできるんだ。

ときにはモンスターがおそってくる

あたりが暗《くら》くなると、どこからともなくうめき声《ごえ》が聞《き》こえてくる。その正体《しょうたい》はモンスターだ！ モンスターたちはプレイヤーをおそってくるので、明《あか》るいうちに家《いえ》をつくってひなんしよう。

クリーパー。プレイヤーにそっと近《ちか》づき、とつぜんばくはつするぞ。

スケルトン。弓矢《ゆみや》で遠《とお》くからこうげきしてくる。

アイテムづくりにちょうせん

モンスターをたおしたり、ブロックをこわすと、いろんな材料《ざいりょう》が手《て》に入《はい》る。これを組《く》み合《あ》わせて、新《あたら》しいアイテムをつくることができるんだ。アイテムでプレイヤーを強化《きょうか》できるぞ。

ツルハシをつくって、岩石《がんせき》をこわしまくろう。

ぶきをつくって、モンスターをやっつけよう！

きょうてきに立《た》ち向《む》かおう

地下《ちか》のおく深《ふか》くや、かくされたゲートをくぐった先《さき》には、見《み》たことのない世《せ》界《かい》が広《ひろ》がっている。そこには、大《おお》きなボスモンスターが待《ま》ちかまえているんだ。

地下《ちか》深《ふか》くの古都《こと》にはさいきょうのウォーデンがいる。

世界《せかい》の果《は》てにいるラスボスのエンダードラゴン。

あなたににているモブはだれ？
マイモブしんだん

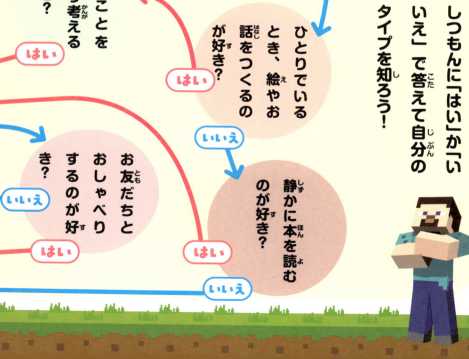

しつもんに「はい」か「いいえ」で答《こた》えて自分《じぶん》のタイプを知《し》ろう！

スタート

みんなと遊《あそ》ぶのが好《す》き？

はい　いいえ

みんなで遊《あそ》ぶとき、リーダーになりたい？

はい　いいえ

みんなを笑顔《えがお》にしたい？

はい　いいえ

ひとりでいるとき、絵《え》やお話《はなし》をつくるのが好《す》き？

はい　いいえ

新《あたら》しいことをじっくり考《かんが》えるのが好《す》き？

いいえ　はい

静《しず》かに本《ほん》を読《よ》むのが好《す》き？

はい　いいえ

お友《とも》だちとおしゃべりするのが好《す》き？

いいえ　はい

友《とも》だちがこまっているとき、すぐ助《たす》けたい？

いいえ

はい

たまにはひとりの時《じ》間《かん》もほしい？

はい

いいえ

自分《じぶん》の意《い》見《けん》をはっきり言《い》える？

はい

いいえ

こっそり自分《じぶん》のことを考《かんが》えるのが好《す》き？

はい

いいえ

ピグリン
がんばるタイプ

アイアンゴーレム
助《たす》けるタイプ

クリーパー
ひみつタイプ

ゾンビ
のんびりタイプ

ウイッチ
ふしぎタイプ

村人《むらびと》
しっかりタイプ

ピグリン

がんばるタイプ

こんな人《ひと》

元気《げんき》いっぱいで、なんでもけんめいに取《と》り組《く》む
新《あたら》しい遊《あそ》びやチャレンジにドキドキワクワクする

いいところ

こまったことがあっても、あきらめずにがんばる
そのがんばりが、みんなに勇気《ゆうき》をあたえる

気《き》をつけたいところ

がんばりすぎてつかれてしまうことがあるかも
たまにはゆっくり休《やす》むことも大切《たいせつ》だよ

アイアンゴーレム

助《たす》けるタイプ

こんな人《ひと》

まじめでせいぎ感《かん》が強《つよ》い
こまっている人《ひと》がいると、すぐに助《たす》けたくなる

いいところ

強《つよ》くて、みんなを守《まも》ることができる
ヒーローみたいに、みんなに安心《あんしん》をあげる

気《き》をつけたいところ

自分《じぶん》の気持《きも》ちをあとに回《まわ》しがち
ときどき、だれかに助《たす》けを求《もと》めることも大事《だいじ》だよ

クリーパー
ひみつタイプ

こんな人《ひと》

こせい的《てき》でえいきょう力《りょく》がある
実《じつ》は大事《だいじ》なひみつを持《も》っている

いいところ

自分《じぶん》の意見《いけん》をしっかり持《も》っている
ひそかにみんなを驚《おどろ》かせる、特別《とくべつ》な力《ちから》がある

気《き》をつけたいところ

自分《じぶん》とちがう考《かんが》え方《かた》を、なかなか受《う》け入《い》れられず気持《きも》ちがばくはつしちゃうことがあるかも
行動《こうどう》する前《まえ》にもう一度《いちど》考《かんが》えてみるといいよ

ゾンビ
のんびりタイプ

こんな人《ひと》

ゆったりとしたペースで、落《お》ち着《つ》いて過《す》ごすのが好《す》き

いいところ

あせらずゆっくりすることで、みんなをリラックスさせる

気《き》をつけたいところ

のんびりしすぎて、待《ま》ち合《あ》わせにおくれちゃうことがあるかも
時間《じかん》によゆうを持《も》って行動《こうどう》してみよう

ウィッチ
ふしぎタイプ

こんな人《ひと》
ふしぎなアイデアをたくさん持《も》っている
みんなをワクワクさせ、なぞめいたふんいきがある

いいところ
新《あたら》しい考《かんが》え方《かた》で、みんなにおどろきをあたえる
ひと味《あじ》ちがう遊《あそ》び方《かた》ができる

気《き》をつけたいところ
自分《じぶん》の考《かんが》えがうまく伝《つた》わらないことがあるかも
あせらず、ゆっくりと話《はな》すようにしてみよう

村人《むらびと》
しっかりタイプ

こんな人《ひと》
毎日《まいにち》決《き》まったことをしっかりこなす
静《しず》かにコツコツ遊《あそ》んだり、作業《さぎょう》するのがとくい

いいところ
落《お》ち着《つ》いていて、みんなに安心《あんしん》をあげる
自分《じぶん》のペースでじっくりがんばれる

気《き》をつけたいところ
新《あたら》しいことにチャレンジするとき、ちょっとまよってしまうかも
たまには、ちがうやり方《かた》も試《ため》してみるといいよ

そのほかのキャラクター

この本《ほん》に登場《とうじょう》するキャラクターをしょうかい！

アレックス

もうひとりの主人公《しゅじんこう》。長《なが》いかみがとくちょう。

スティーブ

青《あお》い服《ふく》を着《き》たゲームの主人公《しゅじんこう》。

行商人《ぎょうしょうにん》

主人公《しゅじんこう》の近《ちか》くにあらわれてアイテムを売《う》ってくれる。

エンダーマン

ブロックを勝手《かって》に運《はこ》ぶモンスター。

エンダードラゴン

ドラゴンのすがたをしたラスボス。

略奪者《りゃくだつしゃ》

村人《むらびと》やプレイヤーにおそいかかるモンスター。

マインクラフトには、ほかにもいろんなキャラクターがいるよ！

かわいい動物《どうぶつ》たち

マインクラフトのゲームに登場《とうじょう》する動物《どうぶつ》たち

ウシ

草原《そうげん》にあらわれて、モーと鳴《な》くやさしい動物《どうぶつ》。

ブタ

ブーと鳴《な》きながらあたりをちょこまかと動《うご》き回《まわ》る。

羊《ひつじ》

地面《じめん》に生《は》えた草《くさ》を食《た》べる。毛《け》をかることができるぞ。

ウサギ

さばくにあらわれて、ぴょんぴょんはねまわる動物《どうぶつ》。

ラマ

行商人《ぎょうしょうにん》といっしょに世界《せかい》を旅《たび》している。

第《だい》1章《しょう》

友《とも》だちづくりのルール

まわりにはどんな人《ひと》がいるかな？

マインクラフトでは、ブロックを組《く》み立《た》てたりモンスターと戦《たたか》ったり、村人《むらびと》と物《もの》を交換《こうかん》したり、いろんな遊《あそ》び方《かた》で楽《たの》しむ人《ひと》たちがいるよ。石《いし》をほればトンネルが広《ひろ》がるし、高《たか》いところにのぼればけしきが変《か》わる。家《いえ》をつくるのも楽《たの》しいよね？　あなたがいる世界《せかい》も同《おな》じで、いろんな人《ひと》がいるよ。あなたは休《やす》み時間《じかん》になにをするのが好《す》き？

あなたならどうする？

下《した》の４つの中《なか》からいちばん近《ちか》いものを選《えら》んでね

1

校庭《こうてい》で元気《げんき》に遊《あそ》ぶ

おにごっこやドッジボールで、思《おも》いっきり体《からだ》を動《うご》かすのが好《す》き！

2

教室《きょうしつ》で絵《え》をかいたり工作《こうさく》をしたりする

クレヨンや折《お》り紙《がみ》で、想《そう》像《ぞう》したものを形《かたち》にするのが楽《たの》しいんだ。

3

図書室《としょしつ》で本《ほん》を読《よ》む

静《しず》かな時間《じかん》に、いろんな物語《ものがたり》の世界《せかい》に入《はい》るのが好《す》き。

4

友《とも》だちと話《はなし》をする

いろんな話《はなし》をしたり、聞《き》いたり、楽《たの》しい時間《じかん》を過《す》ごしたい。

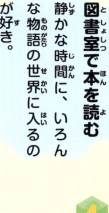

ほかにもこんな人《ひと》がいるよ

1 を選《えら》んだあなたは

元気《げんき》に動《うご》きまわっていると、体《からだ》を動《うご》かしたい友《とも》だちがついてくるかも。

2 を選《えら》んだあなたは

友《とも》だちといっしょになにかをかいたり、つくったりするのは楽《たの》しいよ。

3 を選《えら》んだあなたは

好《す》きな物語《ものがたり》のことを話《はな》してみると、気《き》の合《あ》う友《とも》だちが見《み》つかるかも。

4 を選《えら》んだあなたは

友《とも》だちの話《はなし》を聞《き》いたり、自分《じぶん》のことを話《はな》したりしてなかよくなろう。

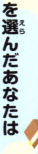

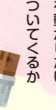

新《あたら》しい発見《はっけん》につながるよ

マインクラフトの村《むら》にも、さまざまな職業《しょくぎょう》の人《ひと》たちがいる。あなたがいる世界《せかい》でも、まわりをよくかんさつしてみると、いろんな人《ひと》がいることがわかるはず。好《す》きなことも、性格《せいかく》もちがっていて、そんな友《とも》だちといっしょに過《す》ごしていると、自分《じぶん》ひとりでは気《き》づかなかった楽《たの》しいことや新《あたら》しい発《はっ》見《けん》があるよ。

あせりを感《かん》じたときは

自分《じぶん》がみんなとちがったとしても、それでダメだと思《おも》わなくてだいじょうぶ。自分《じぶん》のペースで、自分《じぶん》らしくいればいいんだよ。

いろんな人《ひと》が
いるんだね

みんなそれぞれの気《き》持《も》ち

みんなちがう考《かん》えや好《す》きなことがあって当《あ》たり前《まえ》なんだ。だからこそ、「すごいね」「おもしろいね」と思《おも》い合《あ》えるんだよ。学校《がっこう》も、みんなの、それぞれの気《き》持《も》ちが集《あつ》まる場所《ばしょ》なんだ。みんながちがう気《き》持《も》ちを持《も》っているから、毎日《まいにち》がもっと楽《たの》しくなるんだ。自分《じぶん》とちがう友《とも》だちの考《かんが》え方《かた》や好《す》きなことを知《し》ると、あなたの世界《せかい》がどんどん広《ひろ》がっていくよ。

あいさつでつながろう

ある朝《あさ》、目《め》が覚《さ》めると行商人《ぎょうしょうにん》が村《むら》にやってきた。行商人《ぎょうしょうにん》は、見《み》なれない場所《ばしょ》で、なんだか不安《ふあん》そう。村人《むらびと》たちも、新《あたら》しい人《ひと》がやってきたので、なんだかそわそわしているよ。

みんなの様子《ようす》を見《み》て、自分《じぶん》が最初《さいしょ》にあいさつしてみることにしたんだ。

行商人《ぎょうしょうにん》は、どんなはんのうをしてくれるかな？

あなたならどうする？

下《した》の 4 つの中《なか》からいちばん近《ちか》いものを選《えら》んでね

1

元気《げんき》にあいさつ

真《ま》っ先《さき》に行商人《ぎょうしょうにん》のところへ行《い》って「おはよう！」と声《こえ》をかけてみるよ。

3

しつもんする

「おはよう！ 元気《げんき》？」としつもんしてみる。

2

名前《なまえ》をよんでみる

「行商人《ぎょうしょうにん》さん、おはよう！」と名前《なまえ》をつけてあいさつしてみるよ。

4

えしゃくする

きんちょうしちゃうから、ペコリと頭《あたま》をさげてあいさつ。

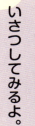

あいさつすると どんな気《き》持《も》ちになるかな？

1を選《えら》んだあなたは

自分《じぶん》から先《さき》にあいさつすれば、相手《あいて》も話《はな》しやすくなるね。次《つぎ》はもう一言《ひとこと》足《た》してみよう。

2を選《えら》んだあなたは

相手《あいて》は「自分《じぶん》のことを知《し》ってくれている」と安心《あんしん》できて、次《つぎ》の会話《かいわ》がスムーズに進《すす》みそうだ。

3を選《えら》んだあなたは

「元気《げんき》？」「今日《きょう》はなにするの？」としつもんすれば会話《かいわ》が続《つづ》くよ。相手《あいて》の答《こた》えも楽《たの》しみだね。

4を選《えら》んだあなたは

最初《さいしょ》は、てれくさいかもしれないけれど、次《つぎ》は声《こえ》もかけてみよう。

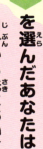

最初《さいしょ》のあいさつはドキドキするよ

はじめはあいさつするのにドキドキするかもしれないけれど、声《こえ》をかけた瞬間《しゅんかん》に自分《じぶん》の気持《きも》ちがふわっとあたたかくなるんだ。ちょっとした勇気《ゆうき》で、一歩前《いっぽまえ》に進《すす》める気《き》がしてくるよ。そのあたたかさは、友《とも》だちとの距離《きょり》をぐっと縮《ちぢ》めて、これからの学校《がっこう》での生活《せいかつ》をもっと楽《たの》しくしてくれるんだ。

どうしても恥《は》ずかしいとき

恥《は》ずかしくて声《こえ》が出《で》ないときは、笑顔《えがお》や手《て》をふるだけでも気持《きも》ちは届《とど》くんだ。そして、なれたらあいさつをしてみよう。

声《こえ》が大《おお》きくなりすぎるとき

張《は》りきって大声《おおごえ》になりすぎるなら、一度《いちど》しんこきゅうで落《お》ち着《つ》こう。そして、ゆっくり話《はな》してみよう。すると、自然《しぜん》にあいさつできるよ。

本当《ほんとう》はみんな仲良《なかよ》くしたい

あいさつをしたのに、クラスメイトがそっけなくしていても、本当《ほんとう》は仲良《なかよ》くなりたいと思《おも》っていることが多《おお》いんだ。元気《げんき》が出《で》ない日《ひ》もあるかもしれないよ。あいさつするときは相手《あいて》をじっと見《み》て、小《ちい》さな変化《へんか》に気《き》づいてみよう。表情《ひょうじょう》が暗《くら》いなら「大丈夫《だいじょうぶ》？」とたずねるだけでも、相手《あいて》はほっと安《あん》心《しん》して話《はな》せるようになるんだ。

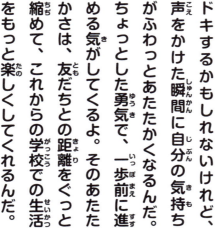

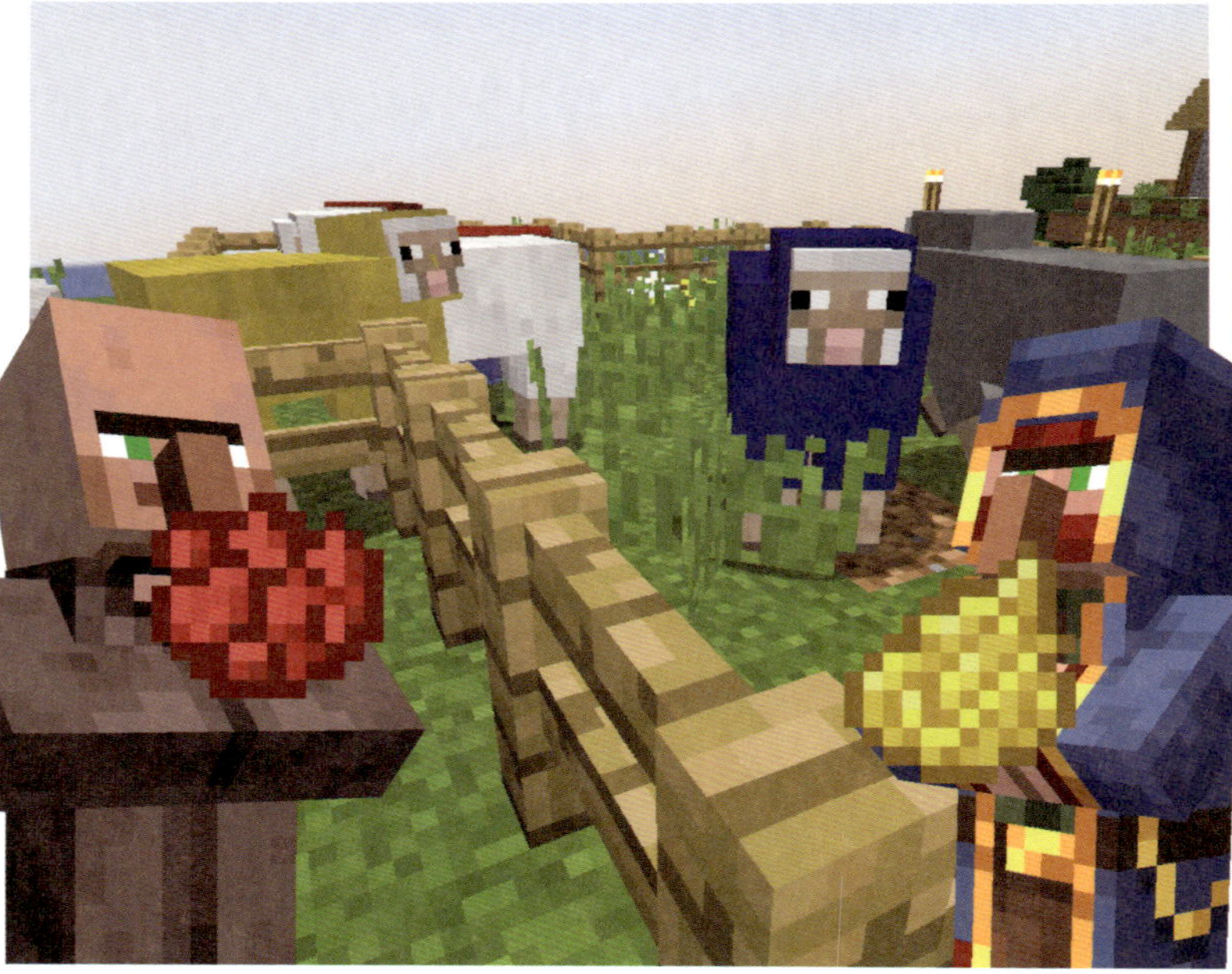

みんなちがってすてき！

村《むら》で育《そだ》てていた羊《ひつじ》に色《いろ》を付《つ》けて、色《いろ》つきのブロックをつくることにしたよ。みんなで、どの色《いろ》がいいのかを話《はな》し合《あ》ってみたんだ。

「赤色《あかいろ》がいい」という、村人《むらびと》たち。行商人《ぎょうしょうにん》は「黄色《きいろ》にしたいな」って言《い》っているよ。ほかにも、青色《あおいろ》や黒色《くろいろ》にしたいと、いろんな意見《いけん》が出《で》てきたんだ。これじゃなかなか決《き》まらないね。さて、どうしたものかな？

あなたならどうする？

下《した》の４つの中《なか》からいちばん近《ちか》いものを選《えら》んでね

1

自分《じぶん》の意見《いけん》は言《い》わない

「君《きみ》はその色《いろ》が好《す》きなんだね」と感想《かんそう》を言《い》う。

2

自分《じぶん》の選《えら》んだ色《いろ》を伝《つた》える

ぜったいにわたしの色《いろ》がいいに決《き》まってる！

3

全員《ぜんいん》の意見《いけん》を聞《き》いてみる

みんなはどの色《いろ》がいいのかな？　いっそのこと、全《ぜん》員《いん》に聞《き》いちゃえ！

4

一色《いっしょく》に決《き》めなくてもいいのかも

みんなの意見《いけん》を取《と》り入《い》れて、いろんな色《いろ》をまぜるのはどうだろう。

どんなふうに なったかな？

1 を選《えら》んだあなたは

相手《あいて》が好《す》きな色《いろ》をみとめられるのはえらいね。でもたまには自分《じぶん》の意見《いけん》を伝《つた》えてみよう。

2 を選《えら》んだあなたは

ひとつの色《いろ》だけがいちばんすてきなんてことはないんだ。まずは相手《あいて》の思《おも》いを聞《き》いてみよう。

3 を選《えら》んだあなたは

みんな自分《じぶん》の意見《いけん》を聞《き》いてもらえてうれしかったはず。あなたの好《す》きな色《いろ》も教《おし》えてあげよう。

4 を選《えら》んだあなたは

いろんな色《いろ》があるから楽《たの》しいね。みんなの意見《いけん》を足《た》し合《あ》えば、すてきなアイデアが生《う》まれるかも。

いろんな考《かんが》えがあるのを知《し》ろう

みんなの考《かんが》えが自分《じぶん》と少《すこ》しくらいちがっても大丈夫《だいじょうぶ》。むしろちがうからこそ、新《あたら》しい景色《けしき》が広《ひろ》がるんだ。それを知《し》ったうえで、自分《じぶん》の気持《きも》ちはどうなのか考《かんが》えよう。自分《じぶん》の気持《きも》ちと向《む》き合《あ》っていると、ふわっとあたたかい気持《きも》ちが生《う》まれるんだ。相手《あいて》の考《かんが》えを受《う》け入《い》れたり、自分《じぶん》を大切《たいせつ》にしたりすると、なごやかなふんいきになるよ。

自分《じぶん》の色《いろ》に変《か》えさせたい

「わたしの色《いろ》がいちばん！」と思《おも》うと、みんなにそう思《おも》ってほしくなるね。でも、無理《むり》やり意見《いけん》を通《とお》してはダメ。自分《じぶん》が最高《さいこう》と思《おも》う色《いろ》でも、相手《あいて》はちがうんだよ。

意見《いけん》を押《お》しつけられたらどうする？

自分《じぶん》に意見《いけん》を押《お》しつけてくる人《ひと》も、じつは「わかってほしい」「いっしょに楽《たの》しみたい」と思《おも》っていることが多《おお》いんだ。強《つよ》い言《い》い方《かた》をしてしまうのは、本当《ほんとう》は不安《ふあん》な気持《きも》ちがあるからかもしれない。もしちがう意見《いけん》を言《い》われても、「そんな考《かんが》え方《かた》もあるんだね」と受《う》けとめてみると、おたがいの気持《きも》ちが少《すこ》しあったかくなるよ。

「なにが好《す》き？」でおはなししよう

村人《むらびと》たちがおしゃべりしているところに、アレックスがやってきたよ。村人《むらびと》たちはおしゃべりにむちゅうでアレックスに気《き》が付《つ》かないみたい。わたしは、アレックスに「なにが好《す》き？」って話《はな》しかけてみたんだ。「ダイヤあつめが好《す》きだけど……」ってアレックスはこたえたよ。さて、どうやって話《はなし》を広《ひろ》げようかな。

あなたならどうする？

下《した》の４つの中《なか》からいちばん近《ちか》いものを選《えら》んでね

1

まずは明《あか》るいリアクション！

「そうなんだ！すごいね！」って声《こえ》に出《だ》してみる。

2

つい自分《じぶん》の話《はなし》をしたくなる

自分《じぶん》のことも知《し》ってほしくて、途中《とちゅう》で「でもわたしはね」と言《い》っちゃう。

3

もっとしつもんしたい

もっと深《ふか》い話《はなし》を聞《き》きたくて「なんで好《す》きなの？」ってきいてみる。

4

最後《さいご》までじっくり聞《き》く

自分《じぶん》の話《はなし》はちょっと待《ま》って、話《はなし》の続《つづ》きに耳《みみ》をかたむけてみる。

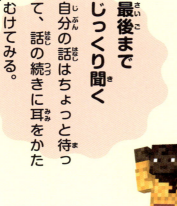

どんな話《はなし》をしたかな？

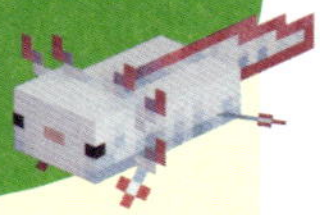

1 を選《えら》んだあなたは

元気《げんき》なはんのうに友《とも》だちは「聞《き》いてくれてるんだな」って安心《あんしん》できたと思《おも》うよ。

2 を選《えら》んだあなたは

友《とも》だちはまだ伝《つた》えたいことがあったかも。相手《あいて》の話《はなし》は最後《さいご》までよく聞《き》こう。

3 を選《えら》んだあなたは

相手《あいて》の話《はなし》をよく聞《き》いて、少《すこ》し間《あいだ》が空《あ》いたら「ほかには？」と聞《き》いてみよう。もっと話《はな》してもらえるかも。

4 を選《えら》んだあなたは

友《とも》だちは最後《さいご》まで話《はな》せると、「ちゃんと聞《き》いてもらえたんだな」ってうれしくなるんだ。

「なにが好《す》き？」で話《はなし》が広《ひろ》がる

どんな人《ひと》でも、好《す》きなもののはきっとある。だから、「なにが好《す》き？」って聞《き》けば、話《はなし》がつながるよ。最初《さいしょ》は「うまく聞《き》けるかな？」ってドキドキしても、じっさいに話《はなし》を聞《き》いてみると、いつのまにか笑顔《えがお》になっている自分《じぶん》に気《き》づくはずだよ。そして「相手《あいて》の気持《きも》ちを大事《だいじ》にしたい」って思《おも》えば、きっと相手《あいて》にも伝《つた》わるんだ。

つい先《さき》にしゃべりたくなる

「わたしのことも聞《き》いてほしい！」って思《おも》うときは、しんこきゅうでグッと待《ま》とう。最後《さいご》には自分《じぶん》の番《ばん》がちゃんとくるよ。

なかなかこたえてくれない

友《とも》だちは自分《じぶん》の好《す》きなことを言《い》うのがはずかしいのかもしれないよ。なかなかこたえが返《かえ》ってこないなら、あなたから自分《じぶん》の好《す》きなことを言《い》ってみるのもいいかもしれないね。

安心《あんしん》すると話《はなし》がはずむ

だれでも最初《さいしょ》はきんちょうするよ。おたがいに耳《みみ》をかたむけ合《あ》うことで「わたしの気持《きも》ちに気《き》づいてくれてる！」って思《おも》えるし、気持《きも》ちが明《あか》るくなる。そうやって安心《あんしん》すると、もっとなかよくなれるはずだよ。ちがう意見《いけん》を持《も》っていても、「そんな考《かんが》え方《かた》もあるんだね」と思《おも》えたら、もっと安心《あんしん》できるし、次《つぎ》の話《はなし》につながるんだ。

おしゃべりが広《ひろ》がるひみつ

村人《むらびと》とアレックスが、作業台《さぎょうだい》をかこんでだまりこんでいる。昨日《きのう》、好《す》きなことを言《い》い合《あ》ったけれど「今日《きょう》はなにを話《はな》そうかな?」って考《かんが》えているみたい。せっかくなかよくなるチャンスなのに、なにを話《はな》せばいいんだろう。あなたならどんなふうに話《はな》しかける?

あなたならどうする？

下《した》の 4 つの中《なか》からいちばん近《ちか》いものを選《えら》んでね

1

まずは目《め》の前《まえ》にあるものから

作業台《さぎょうだい》や近《ちか》くにあるブロックのことについて話《はなし》をしてみる。

2

相手《あいて》にしつもんしてみる

「みんな、なにの話《はなし》をする?」と聞《き》いてみようかな。意外《いがい》な話《はなし》が飛《と》び出《だ》すかも。

3

こたえてほしい人《ひと》を決《き》める

「アレックス、今日《きょう》はいい天気《てんき》だね」って名前《なまえ》をつけて話《はな》してみる。

4

だれかが話《はな》すまで待《ま》つ

やっぱりはずかしいから、だれか話《はな》しはじめるまで待《ま》ってみようかな。

話《はなし》をつなげるルール

1 を選《えら》んだあなたは

近《ちか》くにあるものから話《はな》すと、自然《しぜん》に話《はなし》ができるよ。相手《あいて》も「それ知《し》ってる！」とこたえてくれるかも。

2 を選《えら》んだあなたは

とつぜんしつもんすると、相手《あいて》はこまっちゃうかもしれないけれど、そのあと自分《じぶん》の意見《いけん》も伝《つた》えればだいじょうぶ。

3 を選《えら》んだあなたは

名前《なまえ》をよばれた人《ひと》は「話《はな》していいんだ」と安心《あんしん》するよ。ほかの人《ひと》も意見《いけん》を出《だ》しやすくなるね。

4 を選《えら》んだあなたは

「うんうん」「へえー」などのあいづちだけで、相手《あいて》は「聞《き》いてくれてる！」と思《おも》えるんだ。

うまく話《はな》せなくても だいじょうぶ

うまく話《はな》せるかどうかより、「みんなといっしょにいる」と思《おも》えることが大切《たいせつ》なんだよ。わだいが続《つづ》かないときも、一歩《いっぽ》ふみ出《だ》すだけでいいんだ。話《はな》しているうちに、笑顔《えがお》になれる自分《じぶん》に気《き》づくかもしれないよ。それってすごいことなんだ。

落《お》ち着《つ》いて話《はな》せば
きいてくれるよ

ワクワクが止《と》まらないとき

早《はや》く話《はな》したくて落《お》ち着《つ》かないときは、しんこきゅうしてからゆっくり話《はな》すといいんだ。自分《じぶん》の思《おも》いが伝《つた》わりやすくなるよ。

相手《あいて》が たいくつそうなら

もし「あれ、なんだかつまらないかな?」と感《かん》じたら、そっと声《こえ》をかけてみるんだ。「なにか話《はな》したいことある?」とか「どんなゲームが好《す》き?」みたいに相手《あいて》の気持《きも》ちを引《ひ》き出《だ》すのがコツだよ。自分《じぶん》の話《はなし》ばかり続《つづ》けるより、相手《あいて》に合《あ》わせて話題《わだい》をふってみると「実《じつ》はこんなことが好《す》きなんだ」って、相手《あいて》の新《あたら》しいところがみつかるかもしれないんだ。

遊《あそ》びのきっかけをつくろう

村人《むらびと》や行商人《ぎょうしょうにん》たちが楽《たの》しそうに遊《あそ》んでいるよ。わたしもいっしょに遊《あそ》びたいんだけど、自分《じぶん》から声《こえ》をかけるのはちょっとはずかしい。なかまに入《はい》ってみたいのに、どうしたらいいかな？

もし声《こえ》をかけて、いやがられたらどうしようって思《おも》っちゃう。でも、このまま見《み》ているだけじゃ、もったいない。なにか、方法《ほうほう》はないかな？

あなたならどうする？

下《した》の4つの中《なか》からいちばん近《ちか》いものを選《えら》んでね

1

絵《え》をかいてみる

好《す》きな絵《え》をかきはじめると、だれかが「見《み》せて！」と近《ちか》よってくるかも。

2

ちょっとだけ歌《うた》ってみる

好《す》きな歌《うた》を、ちょっとだけ口《くち》ずさんでみようかな。

3

少《すこ》し体《からだ》を動《うご》かしてみる

ジャンプしたり、走《はし》ったりして少《すこ》し体《からだ》を動《うご》かしてみようかな。

4

声《こえ》をかけてみる

思《おも》い切《き》って「いっしょに遊《あそ》ばない？」と伝《つた》えてみよう！

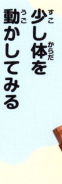

できそうなことからやってみよう

1 を選《えら》んだあなたは

最初《さいしょ》はひとりでかいていても、だれかが「いっしょにかこう」と言《い》ってくれるかも。

2 を選《えら》んだあなたは

口《くち》ずさんだ歌《うた》をきいた子《こ》が「それ知《し》ってる!」と言《い》ってくれるかも。

3 を選《えら》んだあなたは

ジャンプしたり走《はし》ったりしていると、元気《げんき》な動《うご》きに引《ひ》きよせられた子《こ》といっしょに遊《あそ》べるかも。

4 を選《えら》んだあなたは

勇気《ゆうき》を出《だ》して声《こえ》をかければ、思《おも》わぬなかよしができるかも!

みんなまわりを気《き》にしているよ

体《からだ》を動《うご》かすのが好《す》きだったり、歌《うた》うのが好《す》きだったり、いろんな人《ひと》がいるよ。きっと、同《おな》じ遊《あそ》びが好《す》きな人《ひと》がいるはず。たとえすぐに遊《あそ》ぶあいてがみつからなくても、続《つづ》けていればだいじょうぶ。それより、一歩《いっぽ》ふみ出《だ》した自分《じぶん》をほめてあげよう。いつか新《あたら》しいチャンスが広《ひろ》がるはずだよ。

みんなと遊《あそ》べば楽《たの》しいよ

ことわられたらどうしよう

「いっしょに遊《あそ》ぼう！」とさそっても、「ごめんね」って言《い》われることがあるんだ。でも落《お》ちこまなくていいよ。くり返《かえ》すうちに勇気《ゆうき》がわいてくるんだ。

つまらないかどうかはやってみないとわからない

どんな遊《あそ》びでも、おもしろいところはきっとあるんだ。「つまらなそう」と感《かん》じても、じっさいに友《とも》だちと遊《あそ》んでみると楽《たの》しくなっちゃうことも。もし、ずっと遊《あそ》んでもつまらなければ、「ちょっとひと休《やす》み」といってそこからはなれるのもあり。友《とも》だちの遊《あそ》びを「つまらない」と言《い》わなければ、きっとまた遊《あそ》べるよ。

マイクラのお友《とも》だち

マインクラフトには、スティーブやアレックスのほかにも、プレイヤーがそうさできるキャラクターがいるんだよ

あなたは、どのキャラクターが好《す》きかな？

第《だい》2章《しょう》

なかよしのルール

小《ちい》さな「ありがとう」がうれしい！

村人《むらびと》が畑《はたけ》で仕事《しごと》をしていたら、急《きゅう》に日《ひ》ざしが強《つよ》くなって、じっとりあせが出《で》てきたんだ。

「うーん、ちょっと休《やす》みたいな……」とこまっていたら、アイアンゴーレムがゆっくり近《ちか》づいてきた。大《おお》きなかげが村人《むらびと》のまわりをつつんでくれて、すずしくなったんだ。村人《むらびと》はなにかお礼《れい》をしたほうがいいのかな？

あなたならどうする？

下《した》の４つの中《なか》からいちばん近《ちか》いものを選《えら》んでね

1

お礼《れい》はしない

アイアンゴーレムはただそこにいただけだから、お礼《れい》を言《い》うひつようはないよね。

2

「ありがとう」と言《い》ってみる

「アイアンゴーレムのおかげで作《さ》業《ぎょう》がとてもラクに進《すす》んだよ。ありがとう」と言《い》ってみる。

3

言葉《ことば》じゃなく行動《こうどう》で

作《さ》業《ぎょう》がひとまず終《お》わったら、今度《こんど》はわたしがアイアンゴーレムを手《て》伝《つだ》おうかな？

4

作《さ》業《ぎょう》のじゃまだからどいてと言《い》う

ひかげができるのはありがたいけれど、そこはこれから水《みず》やりをする場所《ばしょ》なんだ。

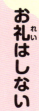

ありがとうって言《い》えたかな？

1 を選《えら》んだあなたは

アイアンゴーレムはたまたまそこに来《き》たのかもしれないけれど、お礼《れい》を言《い》うと会話《かいわ》のチャンスが広《ひろ》がるよ。

2 を選《えら》んだあなたは

「ありがとう」を言《い》うと「気《き》にかけてくれたんだな」とわかってもらえるんだ。おたがいにやさしい気持《きも》ちになれるよ。

3 を選《えら》んだあなたは

今度《こんど》は自分《じぶん》が役《やく》に立《た》つ番《ばん》だね。アイアンゴーレムも手伝《てつだ》ってもらえるとうれしいよ。

4 を選《えら》んだあなたは

アイアンゴーレムはなにか考《かんが》えがあって来《き》たのかもしれない。「ここが好《す》きなの？」と聞《き》いてみると、話《はなし》がはずむかも。

「ありがとう」は、おたがいの気持《きも》ちをおだやかに

「ありがとう」という言葉《ことば》には、かんしゃの気持《きも》ちだけでなく、相《あい》手《て》のことをみとめてあげる力《ちから》があるよ。自分《じぶん》の行動《こうどう》に理由《りゆう》があるように、相手《あいて》もなにかの考《かんが》えがあって行動《こうどう》しているんだ。それをわかっているという気持《きも》ちが相《あい》手《て》に伝《つた》われば「大切《たいせつ》に思《おも》ってくれている」という思《おも》いにかわって、おたがいの気持《きも》ちがおだやかになるんだ。

お礼《れい》をするのがはずかしい

はずかしくて「ありがとう」が出《で》てこないときもあるよね。そんなときは、相手《あいて》の顔《かお》を見《み》てにっこり笑《わら》ってみよう。気持《きも》ちはきっと伝《つた》わるよ。

「ありがとう」はまほうの言葉《ことば》

「ありがとう」と言《い》うほうも言《い》われるほうも、心《こころ》がぽかぽかして、さらに強《つよ》いつながりができるかも。いきなりうまく言《い》えなくてもだいじょうぶ。その気持《きも》ちを持《も》ちつづければ、いつか自然《しぜん》と言《い》えるようになるよ。そして、「ありがとう」が言《い》えるようになったら自分《じぶん》を大《だい》事《じ》に思《おも》う気持《きも》ちもいっしょに育《そだ》っていくんだ。

意見《いけん》がくいちがったら？

エンダーマンがあらわれて、勝手《かって》に鐘《かね》を持《も》っていこうとしたんだ。鐘《かね》は村《むら》にひとつしかない大切《たいせつ》なブロックだから、どこか安全《あんぜん》な場所《ばしょ》にうつさなきゃ。村《むら》のみんなはどこに置《お》くかをしんけんに話《はな》し合《あ》っているよ。

だけど「村《むら》の中央《ちゅうおう》がいい」という意見《いけん》と「入《い》り口《ぐち》にしよう」という意見《いけん》に分《わ》かれてしまったんだ。どうすればいいかな？

あなたならどうする？

下《した》の 4 つの中《なか》からいちばん近《ちか》いものを選《えら》んでね

1

どうしてそう思《おも》うか聞《き》く

「どうしてそこに置《お》きたいの？」と声《こえ》をかけて、相《あい》手《て》の意《い》見《けん》をくわしく聞《き》いてみる。

2

自《じ》分《ぶん》の意《い》見《けん》をとおす

「高《たか》い場《ば》所《しょ》に置《お》かなきゃ」と、相《あい》手《て》に強《つよ》く言《い》いつづけてみる。

3

ちがう意《い》見《けん》の人《ひと》とは話《はなし》をしない

ちがう意《い》見《けん》の人《ひと》とは気《き》が合《あ》わないので話《はなし》をしたくない。

4

相《あい》手《て》の意《い》見《けん》に合《あ》わせる

言《い》い合《あ》いになりたくないので自《じ》分《ぶん》の意《い》見《けん》は言《い》わない。

ちがう考《かんが》えってどういうこと？

1を選《えら》んだあなたは

相手《あいて》の意見《いけん》をくわしく知《し》ろうとすると、見《み》えない理由《りゆう》がわかるんだ。みんなにとって、いちばんよい形《かたち》を見《み》つけられるかも。

2を選《えら》んだあなたは

相手《あいて》にむりやり自分《じぶん》の意見《いけん》をおしつけると、ケンカになりそう。おたがいの意見《いけん》が遠《とお》ざかってしまうよ。

3を選《えら》んだあなたは

意見《いけん》とその人自身《ひとじしん》はべつものなんだ。おたがいの意見《いけん》を伝《つた》え合《あ》えば、わかり合《あ》えるかもしれないよ。

4を選《えら》んだあなたは

人《ひと》とちがう意見《いけん》を言《い》うとケンカになりそうでこわいよね。でもがまんばかりしていると、苦《くる》しくなっちゃうかもしれないよ。

みんなの意見《いけん》をよく聞《き》こう

いろんな意見《いけん》があるからこそ、おもしろいんだ。あらそいをふせぐためにも、みんなで話《はな》し合《あ》うことが大事《だいじ》なんだよ。どんな意見《いけん》でも、いいなと思《おも》うところがあるかもしれない。ちがうと思《おも》うところでも「そうなんだね」と受《う》け止《と》めながら聞《き》くと、そこから新《あたら》しいアイデアが生《う》まれるんだ。そうすると、ちがう意見《いけん》を聞《き》くのが楽《たの》しくなるよ。

どうしてもゆずれないとき

みんなの意見《いけん》を聞《き》いても、「ここだけはゆずれない」という気持《きも》ちがあるときは、しんこきゅうしてから、相手《あいて》に言《い》ってみるんだ。落《お》ち着《つ》いて話《はな》せば、受《う》け止《と》めてもらえるかもしれない。

なんだか気《き》が合《あ》わない

相手《あいて》の意見《いけん》を受《う》け入《い》れようとしても、すれちがうことがあるんだ。そんなときは、話題《わだい》を変《か》えて気分《きぶん》を変《か》えてみよう。別《べつ》の楽《たの》しいことをいっしょに見《み》つけて、笑顔《えがお》になれたら、いいよね。

あなたの意見《いけん》もなかなかするどいな

ひていされても落《お》ち着《つ》いて

たとえ、自分《じぶん》の意見《いけん》にもんくを言《い》われたとしても、だいじょうぶ。自分自身《じぶんじしん》と自分《じぶん》の意見《いけん》は別《べつ》のものなんだ。「そうかなぁ」と言《い》って、ほかの意見《いけん》を考《かんが》えてみて。

ケンカしてもなかなおり

スティーブとアレックスは、アイテムづくりのための鉱石《こうせき》をさがしに出《で》かけたよ。鉄鉱石《てっこうせき》や銅鉱石《どうこうせき》など、たくさんのそざいを持《も》って帰《かえ》ろうとしたとき、キラリと光《ひか》るダイヤモンド鉱石《こうせき》を見《み》つけたんだ。ところが……。

「わたしが先《さき》に見《み》つけたんだ」「ぼくが先《さき》にとったのに」と、ケンカになってしまったんだ。村《むら》に帰《かえ》ってもふたりともいかりがおさまらない。どうしよう。

あなたならどうする？

下《した》の４つの中《なか》からいちばん近《ちか》いものを選《えら》んでね

1

思《おも》いきって先《さき》にあやまる

さっきのケンカは気《き》になるけど、思《おも》いきって「ごめん」と自分《じぶん》からあやまる。

2

相手《あいて》があやまってくるまで待《ま》つ

自分《じぶん》だけが悪《わる》いわけじゃないのに先《さき》にあやまるのはくやしい。

3

だまってその場《ば》をはなれる

いやな空気《くうき》がたまらないから、とりあえず、にげてしまおうかな？　そのほうが楽《らく》だよね。

4

なぜケンカになったのか考《かんが》えてみる

自分《じぶん》の言葉《ことば》が、相手《あいて》の気《き》持《も》ちをきずつけたかも。どうして相手《あいて》はおこったのかな。

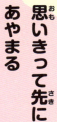

なかなおりへのみちしるべ

1 を選《えら》んだあなたは

「ごめん」を言《い》うのは勇気《ゆうき》がいるけど、相手《あいて》の気持《きも》ちをなだめる大切《たいせつ》な一歩《いっぽ》。意外《いがい》とすんなり、なかなおりできるかもしれないんだ。

2 を選《えら》んだあなたは

相手《あいて》を待《ま》っている間《あいだ》は気《き》分《ぶん》がモヤモヤ。あとで、すんなりなかなおりできるとはかぎらないんだ。

3 を選《えら》んだあなたは

その場《ば》からはなれれば、いっときは楽《らく》になる。でもあとで気《き》まずさがますかもしれないよ。

4 を選《えら》んだあなたは

相手《あいて》の気持《きも》ちを考《かんが》えられるのはすてきなことだよ。たがいの思《おも》いに気《き》づくと、なかなおりできるはず。

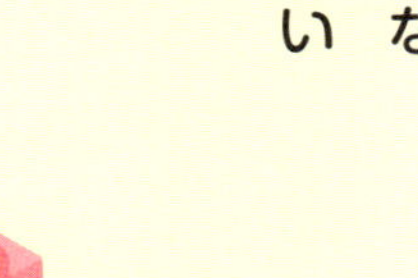

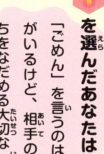

「ごめんね」は気《き》持《も》ちを軽《かる》くするよ

あとから「本当《ほんとう》はこうしたかったのに…」という思《おも》いがわいてくることがあるんだ。友《とも》だちと気《き》まずいままだとつらくなる。だから、自分《じぶん》の気持《きも》ちを大事《だいじ》にしながら、相手《あいて》にも思《おも》いをとどけられたらいいよね。人《ひと》はどう思《おも》うかなと、不安《ふあん》になるより、自分《じぶん》がどうしたいかを考《かんが》えて、「ごめんね」と言《い》えると、気持《きも》ちが少《すこ》し軽《かる》くなるんだ。

自分《じぶん》は悪《わる》くないのに！

悪《わる》いのは相手《あいて》だけで、自分《じぶん》は正《ただ》しい。そう思《おも》いたくなることもあるよね。でも、相手《あいて》もきっとそう思《おも》っているよ。おたがい同《おな》じ考《かんが》えを持《も》っているんだ。

ぜったいにゆるせない！

相手《あいて》がひどいことを言《い》ったら、ゆるせないって思《おも》うよね。でもずっとおこっていると自分《じぶん》がしんどくなるんだ。しんこきゅうして気持《きも》ちを休《やす》ませる時間《じかん》をつくろう。

ケンカを成長《せいちょう》のチャンスにしよう

ケンカをするのは、自分《じぶん》や相手《あいて》を知《し》るチャンスでもあるんだ。とくに小学生《しょうがくせい》のころは、おたがいの気持《きも》ちがぶつかってしまうことも多《おお》い。でも、そのぶんなかなおりできたときの喜《よろこ》びは大《おお》きいし、相手《あいて》とのつながりが深《ふか》まるんだ。まずは「自《じ》分《ぶん》から歩《あゆ》みよってみよう」と思《おも》うことができれば、おたがいが前《まえ》より近《ちか》づくことができるんだ。

苦手《にがて》な友《とも》だちが来《き》たら？

湿原《しつげん》の村《むら》のはずれに住《す》む村人《むらびと》は、ウィッチが苦手《にがて》なんだ。あやしげなポーションを売《う》っているし、なんだか近《ちか》よりにくいんだって。でもある日《ひ》、ウィッチが子《こ》どもたちにめずらしいアイテムを見《み》せながらわらっているのを見《み》て、なんだかふしぎな人《ひと》だなって思《おも》ったんだ。もし、苦手《にがて》な人《ひと》がこっちに来《き》たら、どうする？

あなたならどうする？

下《した》の 4 つの中《なか》からいちばん近《ちか》いものを選《えら》んでね

1

そっとその場《ば》をはなれる

いきなり話《はな》すのはこわいから見《み》つからないように、こっそり遠《とお》ざかってしまう。

2

気《き》づかないフリをする

目《め》が合《あ》いそうになっても、はんのうしないようにする。

3

こっちからあいさつしてみる

思《おも》いきって「やあ」と声《こえ》をかけてみる。

4

どんな人《ひと》か様子《ようす》をたしかめる

どんな人《ひと》かじっとかんさつする。

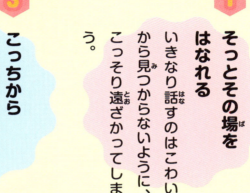

相手《あいて》を見《み》る目《め》を広《ひろ》げてみよう

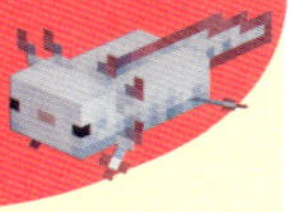

1 を選《えら》んだあなたは

その場《ば》をはなれれば、気《き》まずさはへるけど、相《あい》手《て》の本当《ほんとう》の気持《きも》ちを知《し》るチャンスがなくなるよ。

2 を選《えら》んだあなたは

見《み》ていないフリをしたつもりでも、相手《あいて》は気《き》づいて、きずついているかもしれないよ。

3 を選《えら》んだあなたは

声《こえ》をかけるのは勇気《ゆうき》がいるけど、相手《あいて》もホッとするよ。新《あたら》しい友《とも》だちになれるかもね。

4 を選《えら》んだあなたは

こっそり様子《ようす》を見《み》てみると、意外《いがい》なやさしさを発《はっ》見《けん》できるかもしれないんだ。

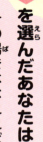

苦手《にがて》だと感《かん》じる理由《りゆう》を考《かんが》えてみよう

もしかして、見《み》た目《め》や話《はな》し方《かた》がこわそうに思《おも》えたり、自分《じぶん》とはちがうタイプに見《み》えたりするから苦《にが》手《て》なのかもしれないんだ。まずは「どこが苦手《にがて》なんだろう?」と理《り》由《ゆう》を整理《せいり》してみると、自分《じぶん》が知《し》らないだけなのか、本当《ほんとう》にむりなのかが見《み》えてくるんだよ。そうすると、かいけつのヒントをさがしやすくなるんだ。

勇気《ゆうき》を出《だ》して
声《こえ》をかけてみよう

どうしてもイライラするとき

苦手《にがて》な相手《あいて》を見《み》ただけでイライラすることがあるんだ。そんなときは、しんこきゅうして、まず心《こころ》を落《お》ち着《つ》かせよう。自分《じぶん》をせめずに、気持《きも》ちが落《お》ち着《つ》けば、相手《あいて》を見《み》る目《め》が変《か》わるかもしれないよ。

苦手《にがて》は成長《せいちょう》のチャンス

自分《じぶん》が苦手《にがて》だと思《おも》う相手《あいて》と向《む》き合《あ》うことは、大《おお》きなチャンスなんだ。いやだなと感《かん》じる部分《ぶぶん》をとおして、相手《あいて》の新《あたら》しい考《かんが》え方《かた》や、やさしさを発見《はっけん》できることもある。苦手《にがて》な人《ひと》と話《はな》してみたり、相手《あいて》のいいところをさがしてみたりしてみよう。最初《さいしょ》はドキドキするかもしれないけど、何度《なんど》かチャレンジするうちに、自信《じしん》がわいてくるんだよ。

助《たす》け合《あ》えばなかよしに

雪原《せつげん》を旅《たび》していると、小《ちい》さなイグルーを見《み》つけた。中《なか》から雪原《せつげん》の村人《むらびと》があらわれたよ。だけど、なんだか寒《さむ》そうにしているんだ。たき火《び》で体《からだ》を温《あたた》めたいけれど、どうやら、ねんりょうが切《き》れてしまったらしい。わたしは、ちょうど手元《てもと》に木炭《もくたん》を持《も》っているけれど、むだづかいはしたくない。こんなとき、どうすればいいんだろう？

あなたならどうする？

下《した》の4つの中《なか》からいちばん近《ちか》いものを選《えら》んでね

1

見《み》て見《み》ぬふりをする

ちょっとめんどうそうだから、知《し》らんぷりして通《とお》りすぎる。

2

木炭《もくたん》をあげる

もったいないけど「はい、どうぞ」って木炭《もくたん》をあげる。

3

手伝《てつだ》いを申《もう》し出《で》る

「いっしょに、ねんりょうをさがそうか？」と声《こえ》をかける。

4

木炭《もくたん》があった場所《ばしょ》を教《おし》える

自分《じぶん》といっしょにさがすのはいやかもしれないから、木炭《もくたん》があった場所《ばしょ》を教《おし》えてあげる。

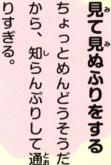

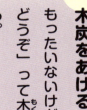

みんなで考《かんが》える 次《つぎ》のステップ

1 を選《えら》んだあなたは

見《み》て見《み》ぬふりをすれば、めんどうはへるかもしれない。でもなんだかずっと気《き》になっちゃうよね。

2 を選《えら》んだあなたは

こまってる人《ひと》をすぐ助《たす》けられるあなたはやさしい人《ひと》だよ。でも、相手《あいて》のペースをむししちゃうこともあるかも。

3 を選《えら》んだあなたは

「手伝《てつだ》おうか？」と言《い》うのは勇気《ゆうき》がいるね。でも、いっしょに楽《たの》しんだり相手《あいて》の気《き》持《も》ちを知《し》ったりするチャンスが広《ひろ》がるよ。

4 を選《えら》んだあなたは

こまっているときは、アドバイスがもらえるだけでとてもうれしい。「いっしょにさがそうか？」と聞《き》いてみるのもいいかも。

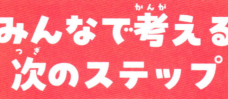

勇気《ゆうき》を出《だ》して助《たす》けてあげよう

友《とも》だちを助《たす》けるって、じつは自分《じぶん》の心《こころ》を育《そだ》てることにもつながるんだ。ちょっとした声《こえ》かけや手助《てだす》けが、新《あたら》しいかんけいや思《おも》いやりを広《ひろ》げてくれる。失敗《しっぱい》してもだいじょうぶ。小《ちい》さなチャレンジを重《かさ》ねるうちに、いつのまにか勇気《ゆうき》や、やさしさがパワーアップしているはずだよ。友《とも》だちからの「ありがとう」や「助《たす》かったよ」の言《こと》葉《ば》が、自分《じぶん》をもっと好《す》きになるきっかけになるんだ。

助《たす》けたいけど、勇気《ゆうき》がない

友《とも》だちを助《たす》けたいのに体《からだ》が動《うご》かないときもある。そんなときは、しんこきゅうをして心《こころ》を落《お》ち着《つ》かせよう。自分《じぶん》を責《せ》めずに、「ちょっときゅうけい」をはさむと、動《うご》き出《で》せるかも。

ありがとうがほしい

せっかく手伝《てつだ》ったのに「ありがとう」がないと、さみしいよね。でも、お返《かえ》しを求《もと》めずに動《うご》くと、自分《じぶん》の心《こころ》は自由《じゆう》になれるんだ。相手《あいて》がほっとした顔《かお》をしていたら、それだけでもうれしいよね。

みんなの輪《わ》に、入《はい》ってみよう

友《とも》だちが住《す》んでいる村《むら》に遊《あそ》びに行《い》く途中《とちゅう》で、ゾンビの集団《しゅうだん》を見《み》かけたよ。でも、様子《ようす》がヘンなんだ。村人《むらびと》ゾンビが、グループに入《はい》れずそわそわしているんだ。

村《むら》に着《つ》いたらなんだか不安《ふあん》になってきた。友《とも》だち以外《いがい》の村人《むらびと》たちは知《し》らない人《ひと》ばかり。みんなとなかよくできるかな。

あなたならどうする？

下《した》の４つの中《なか》からいちばん近《ちか》いものを選《えら》んでね

1

目《め》が合《あ》った村人《むらびと》に、にっこり笑《わら》いかけてみる

やさしそうな人《ひと》をさがして、少《すこ》し目《め》が合《あ》ったら、にっこり笑《わら》ってみる。

2

遠《とお》くから村人《むらびと》たちの様子《ようす》をうかがう

きんちょうと不安《ふあん》ですぐには動《うご》き出《だ》せないかもしれない。

3

思《おも》いきって声《こえ》をかける

きんちょうするけど、「なかまに入《い》れて！」と言《い》ってみる。

4

友《とも》だちにとりついでもらう

自分《じぶん》で声《こえ》をかけるのは少《すこ》し不安《ふあん》。友《とも》だちにお願《ねが》いして、みんなをしょうかいしてもらう。

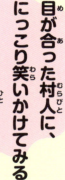

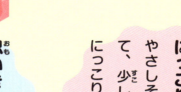

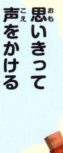

とびこむ勇気《ゆうき》を出《だ》そう

1 を選《えら》んだあなたは

話《はな》しやすそうな子《こ》を見《み》つけるのは、大切《たいせつ》なさくせんだよ。目《め》が合《あ》ったら、あいさつしてみるのもいいね。

2 を選《えら》んだあなたは

遠《とお》くから見《み》ているだけだと、みんなはあなたのことに気《き》がつかないよ。思《おも》いきって近《ちか》くに行《い》けば声《こえ》をかけてくれるかも。

3 を選《えら》んだあなたは

好《す》きな遊《あそ》びを聞《き》いたり、自分《じぶん》の好《す》きな遊《あそ》びを伝《つた》えれば、もっとなかよくなれそうだね。

4 を選《えら》んだあなたは

みんなのことをしょうかいしてもらったら、今度《こんど》はじこしょうかいをしてみよう。

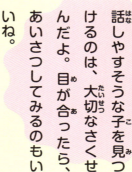

小《ちい》さな勇気《ゆうき》が世界《せかい》を広《ひろ》げる

新《あたら》しいグループに飛《と》びこむのは、最初《さいしょ》はきんちょうするね。でも小《ちい》さな勇気《ゆうき》を何度《なんど》も出《だ》していくうちに、自分《じぶん》の気持《きも》ちを伝《つた》えやすくなる。すると、人《ひと》の話《はなし》を聞《き》く余裕《よゆう》も生《う》まれるから、みんなとの輪《わ》が広《ひろ》がっていくんだよ。学校《がっこう》でも公園《こうえん》でも、ちょっとずつちょうせんしてみよう。声《こえ》をかけると、新《あたら》しい友《とも》だちや楽《たの》しい世界《せかい》が待《ま》っているよ。

ことわられたらどうしよう

もし「いやだ」と言《い》われても、それがずっとつづくわけじゃないんだ。今《いま》はタイミングが合《あ》わないだけかもしれないよ。勇気《ゆうき》を出《だ》して、ほかのグループや場所《ばしょ》をさがしてみよう。

どうしてもきんちょうする

まわりの目《め》を気《き》にしすぎると、きんちょうするんだ。小《ちい》さく、しんこきゅうして、まずは「だいじょうぶ」と頭《あたま》の中《なか》でつぶやいてみよう。すると、体《からだ》が軽《かる》くなるかもしれない。だれもかんぺきじゃないから、あせらなくていいんだ。

いやと言《い》うときはやさしく

村人《むらびと》ゾンビを助《たす》けるために、くろうしてつくった金《きん》のリンゴをわたしは大切《たいせつ》に持《も》っていたんだ。そんなある日《ひ》、それを見《み》た行商人《ぎょうしょうにん》が、「わあ、すごい！　ぼくにも分《わ》けてよ」と言《い》ってきた。あげたくないけど、もしことわったら、きらわれちゃうかもしれない。どうしよう。

あなたならどうする？

下《した》の 4 つの中《なか》からいちばん近《ちか》いものを選《えら》んでね

1 しぶしぶわたす

いやだけど、きらわれたくないから金《きん》のリンゴをわたす。

2 強《つよ》くことわる

大切《たいせつ》なものをわたしたくないから「ダメ！」ときつく言《い》う。

3 そっとことわる

「ごめんね、これはわたしの大切《たいせつ》なものなんだ」とやさしく伝《つた》える。

4 じょうけんを伝《つた》える

「もしダイヤと取《と》りかえてくれるなら考《かんが》えるよ」と言《い》ってみる。

やさしくノーを伝《つた》えるひけつ

1 を選《えら》んだあなたは

本当《ほんとう》はいやなのにあげちゃうと、自分《じぶん》の気持《きも》ちがきずつくし、あとで「やっぱりことわればよかった」と思《おも》うかもしれないよ。

2 を選《えら》んだあなたは

ガツンと言《い》えば、あきらめてもらえるかもしれない。でも相手《あいて》がこわがったりしないかな。

3 を選《えら》んだあなたは

理由《りゆう》をきちんと言《い》えば、相手《あいて》は「そうなんだ」となっとくしてくれるはず。

4 を選《えら》んだあなたは

なっとくできるじょうけんなら、こうかんできるかもしれない。ゆっくり相手《あいて》の返事《へんじ》を待《ま》ってみよう。

理由《りゆう》をきちんと伝《つた》えよう

「いやだ」とだけ言《い》ってしまうと、相手《あいて》は頭《あたま》ごなしにきょひされたと感《かん》じてしまうよ。どうしていやなのか、その理由《りゆう》をきちんと伝《つた》えることが大切《たいせつ》だよ。理由《りゆう》がわかれば、相手《あいて》もなっとくしやすいし、いやな気分《きぶん》にはならない。友《とも》だちもちょっと言《い》ってみただけかもしれないから心配《しんぱい》しなくていいんだよ。

むりやりさそわれたら

友《とも》だちにむりやりさそわれると、ついイラッとするよね。そんなときは、まず、しんこきゅう。そして、「本当《ほんとう》は気《き》が進《すす》まないんだ」と、ていねいに気持《きも》ちを伝《つた》えると、ぶつかりをへらせるかも。

きらわれるのがこわい

「きらわれたくない」という気持《きも》ちが強《つよ》いと、いやなことをことわれないときがあるよね。でも自分《じぶん》の気持《きも》ちを大切《たいせつ》にしないと、あとで苦《くる》しくなるかも。本当《ほんとう》にいやなことはいやといえる勇気《ゆうき》を持《も》とう。

あとで自分《じぶん》をせめないために

「いや」と言《い》えたら、自分《じぶん》の気持《きも》ちを守《まも》れるんだ。悪《わる》いさそいをされたときも、きっぱりことわったほうが、あとで自分《じぶん》をせめなくてすむ。ことわっても、相手《あいて》の全部《ぜんぶ》をひていするわけじゃないんだ。「それはいやだけど、あなたと遊《あそ》んでいるときは楽《たの》しいよ」と言《い》えば、相手《あいて》もわかってくれるはずだよ。

なかまはずれを見《み》かけたら

ポーションのそざいをさがしに、ネザーへやってきたよ。そこで、ピグリンたちにアイテムこうかんをもちかけたんだ。だけど様子《ようす》がおかしい。どうやら、ひとりだけ金《きん》のアイテムを持《も》っていないみたいなんだ。すると、なかまたちは、金《きん》のアイテムがないピグリンを追《お》い出《だ》してしまった。なんだかちょっとかわいそう。

あなたならどうする？

下《した》の４つの中《なか》からいちばん近《ちか》いものを選《えら》んでね

1 いっしょに遊《あそ》ぼうと声《こえ》をかける

ひとりはさみしそうなので「こっちでいっしょに遊《あそ》ばない？」と声《こえ》をかけてみる。

2 みんなと同《おな》じようにむしする

ほかのピグリンたちと同《おな》じように、自分《じぶん》もむししてしまおう。

3 あたたかい言葉《ことば》をかける

「だいじょうぶ？」と聞《き》いてみる。

4 友《とも》だちと相談《そうだん》する

追《お》い出《だ》されたピグリンを自分《じぶん》のグループに入《い》れてあげようと友《とも》だちに相談《そうだん》してみる。

みんなでしっかり考《かんが》えよう

①を選《えら》んだあなたは

はじめのひと声《こえ》は勇気《ゆうき》がいるけど、いっしょに遊《あそ》ぶ友《とも》だちがふえるとうれしいね。

②を選《えら》んだあなたは

相手《あいて》にかかわらなければ、もめごとはおこらない。でも、新《あたら》しい友《とも》だちをつくるチャンスかもしれないよ。

③を選《えら》んだあなたは

一言声《ひとことこえ》をかけるだけでも、その子《こ》は落《お》ち着《つ》くよ。これをきっかけにもっとお話《はなし》できるようになるかもしれないね。

④を選《えら》んだあなたは

ひとりで勝手《かって》に決《き》める前《まえ》に、みんなに相談《そうだん》してみるのもいいね。問題《もんだい》なければみんなでさそってみよう。

心《こころ》がゆれるしゅんかん

なかまはずれにされている子《こ》は、もしかしたらあなたと「話《はな》したいな」と思《おも》っているかもしれない。少《すこ》し勇気《ゆうき》を出《だ》すだけで、なかまはずれにされている子《こ》とつながることがあるよ。大切《たいせつ》なのは『自分《じぶん》はどう感《かん》じるか』なんだ。ほかの人《ひと》の目《め》よりも、自分《じぶん》の気持《きも》ちを大《だい》事《じ》にしてあげよう。失敗《しっぱい》しても、新《あたら》しい学《まな》びにつながるよ。

自分《じぶん》もなかまはずれにされたらどうしよう

友《とも》だちとのわかれは、しかたのないこと。もし、なかまにもどれそうにないと思《おも》ったら、いっそのこと新《あたら》しい子《こ》と友《とも》だちになるチャンスに変《か》えよう。

新《あたら》しい出《で》会《あ》いのチャンスかも

いつかわかれはやってくる

大人《おとな》になるにつれ、なかがよかった友《とも》だちともわかれるときがいつかやってくる。まだずっと先《さき》かもしれないし、意外《いがい》と、早《はや》くにそのときが来《く》るかもしれない。おたがいにずっと友《とも》だちだという気持《きも》ちを持《も》つことはすてきだけれど、わかれをけいけんして、次《つぎ》の自分《じぶん》の成《せい》長《ちょう》につなげることができれば、もっと自分《じぶん》のことを好《す》きになれるよ。

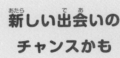

うわさ話《ばなし》って本当《ほんとう》のこと？

スティーブは、いつもなかがいいアレックスと行商人《ぎょうしょうにん》とで遊《あそ》ぶのが大好《だいす》きなんだ。ところが、村人《むらびと》たちが「ふたりはスティーブをきらっているみたい」と言《い》うのを聞《き》いてしまった。本当《ほんとう》なのかな？　いつもの笑顔《えがお》はウソじゃないと信《しん》じたいけれど、もしきらわれていたらどうしよう？　そう考《かんが》えると、スティーブはなんだか心《こころ》がざわざわしてしまう。

あなたならどうする？

下《した》の 4 つの中《なか》からいちばん近《ちか》いものを選《えら》んでね

1 うわさを信《しん》じてはなれる

ふたりのいる場所《ばしょ》には、近《ちか》づかず、声《こえ》もかけずに静《しず》かに過《す》ごす。

2 まちがいがないか聞《き》いてみる

「本当《ほんとう》にそうなの？」とふたりに聞《き》いてみる。

3 気《き》にせず遊《あそ》びをつづける

いつもどおり遊《あそ》び、気《き》になるうわさにはいっさいふれずに過《す》ごす。

4 だれかに相談《そうだん》してみる

聞《き》いた話《はなし》をだれかに伝《つた》えて、どうしたらいいかいっしょに考《かんが》えてもらう。

うわさに負《ま》けない！

1 を選《えら》んだあなたは

少《すこ》しはなれて様子《ようす》を見《み》るうちに、友《とも》だちとのきょりもはなれてしまうかも。

2 を選《えら》んだあなたは

話《はなし》を聞《き》いたことを伝《つた》えていっしょになにか、よい方法《ほうほう》を考《かんが》えれば、もっとなかよくなれるかも。

3 を選《えら》んだあなたは

いつもと同《おな》じように遊《あそ》ぶことができれば、うわさは本当《ほんとう》のことじゃないってわかるはず。

4 を選《えら》んだあなたは

先生《せんせい》やほかの大人《おとな》に話《はな》してみよう。きっとよいアドバイスをしてくれるよ。

心《こころ》がふわっと動《うご》くとき

どんなやり方《かた》を選《えら》んでも、心《こころ》は少《すこ》しずつ動《うご》くんだ。うわさにゆらされるときも、最後《さいご》に自分《じぶん》がどうするかで変《か》わるよ。まわりに聞《き》くのも、あえて気《き》にしないのも、考《かんが》えた先《さき》に新《あたら》しいヒントが見《み》つかるんだ。そして、自分《じぶん》の気持《きも》ちを大《たい》切《せつ》にすることで、本当《ほんとう》のつながりに近《ちか》づくはずだよ。

うわさを信《しん》じそうになるとき

ふと「あれ、本当《ほんとう》なのかも」と思《おも》ってしまうことがあるんだ。そんなときは、いったんストップして「本当《ほんとう》にたしかなの？」と自分《じぶん》に問《と》いかけてみよう。

自分《じぶん》がうわさされたら

もし自分《じぶん》のことがうわさになっているとわかったら、「ちがうんだよ」と言《い》ったり大人《おとな》に話《はな》したりするほうがいいかもしれないんだ。ごかいが広《ひろ》がる前《まえ》に動《うご》くと、あとで気《き》が楽《らく》になるよ。

うわさに負《ま》けない自分《じぶん》

うわさは、いつのまにかクラスのふんいきまで変《か》えてしまうものなんだ。だけど、うわさをすぐに信《しん》じないで自《じ》分《ぶん》の頭《あたま》で考《かんが》えるくせをつければ、自分《じぶん》の本当《ほんとう》の気持《きも》ちを見失《みうしな》わずにすむ。まずは「どうしたいんだろう？」と自分《じぶん》に問《と》いかけて、そのうえで相《あい》手《て》と話《はな》してみるか、気《き》にしない道《みち》を選《えら》ぶかを決《き》めてみよう。うわさに負《ま》けない自分《じぶん》になれるはずだよ。

悪口《わるぐち》を言《い》われたら？

帰《かえ》り道《みち》、アレックスといっしょに歩《ある》いていたら、略奪者《りゃくだつしゃ》たちに「変《へん》なやつ」と言《い》われたんだ。まるで体《からだ》が一《いっ》気《き》に重《おも》くなったみたいで、だれにも言《い》えず、なんだか元気《げんき》が出《で》ない。でも、そのままにしておくと、心《こころ》がもっときずついちゃうかも。村人《むらびと》たちも心配《しんぱい》してるけど、どうすればいいんだろう？

あなたならどうする？

下《した》の 4 つの中《なか》からいちばん近《ちか》いものを選《えら》んでね

1 自分《じぶん》も言《い》い返《かえ》す

くやしさをぶつけたくなって、こっちも強《つよ》い言葉《ことば》で返《かえ》すんだ。

2 その場《ば》からはなれる

これ以上《いじょう》聞《き》きたくないときは、そのままダッシュでにげてしまおう。

3 友《とも》だちに助《たす》けを求《もと》める

アレックスに「どうしよう？」と相談《そうだん》するんだ。

4 どうしてそんなことを言《い》うのか理由《りゆう》を聞《き》く

「どうして言《い》ったの？」と聞《き》くんだ。もしかしたらごかいかもしれないからね。

悪口《わるぐち》に負《ま》けないぞ！

1を選《えら》んだあなたは

もしかするとあとから自《じ》分《ぶん》がいちばんきずつくかも。言《い》い返《かえ》す前《まえ》に、しんこきゅうして落《お》ち着《つ》こう。

2を選《えら》んだあなたは

悪口《わるぐち》からにげるのは悪《わる》いことじゃない。心《こころ》のケガをふせぐためにいったんしりぞくことも考《かんが》えよう。

3を選《えら》んだあなたは

味方《みかた》になってくれる人《ひと》がいれば、悪口《わるぐち》なんかに負《ま》けるもんかって思《おも》えるよね。

4を選《えら》んだあなたは

相手《あいて》の気持《きも》ちを考《かんが》えてみると、発見《はっけん》がある。おたがいの思《おも》いに気《き》づけば、新《あたら》しい友《とも》だちになれるかも。

相手《あいて》もきずついていたのかも

悪口《わるぐち》を聞《き》くと心《こころ》がきずつくのは、自分《じぶん》ががんばっているしょうこ。ショックやイライラがわいてきても、「それだけ自分《じぶん》は大切《たいせつ》なんだ」と気《き》づけるチャンスなんだよ。だから、自分《じぶん》に「だいじょうぶ」って声《こえ》をかけてみよう。もしかしたら、相手《あいて》もだれかに悪口《わるぐち》を言《い》われてきずついていたのかもしれない。「もうだいじょうぶ」と思《おも》えるようになったら、相手《あいて》とゆっくり話《はな》してみよう。

大切《たいせつ》な友《とも》だちに言《い》われたとき

信《しん》じていた友《とも》だちから悪口《わるぐち》を言《い》われると、ショックだよね。でも「それだけ自分《じぶん》は大切《たいせつ》だったんだ」と考《かんが》えると、少《すこ》し落《お》ち着《つ》けるんだ。

いかりでつきとばしそうになったら

カッとなったときは体《からだ》が先《さき》に動《うご》きそうになるんだ。でも、相手《あいて》をきずつけてしまう。一度《いちど》しんこきゅうして、その場《ば》を立《た》ち去《さ》ろう。

悪口《わるぐち》に負《ま》けない力《ちから》をつかもう

悪口《わるぐち》に負《ま》けないためには、自分《じぶん》は大切《たいせつ》な存在《そんざい》だと信《しん》じることがポイントなんだ。落《お》ちこむ気《き》持《も》ちをゼロにするのはむずかしいけれど、「自分《じぶん》はちゃんとがんばっている」って思《おも》えるだけで、一歩《いっぽ》前《まえ》に進《すす》む力《ちから》がわいてくるよ。たとえば、しんこきゅうしながら頭《あたま》の中《なか》で数字《すうじ》を数《かぞ》えるだけでも、気《き》持《も》ちが少《すこ》しずつ軽《かる》くなるんだ。

べんりなアイテムしょうかい

マインクラフトでよく使《つか》うアイテム。ぜんぶ使《つか》ってみたかな？

ツルハシ

かたい岩石《がんせき》をこわすために必要《ひつよう》。

オノ

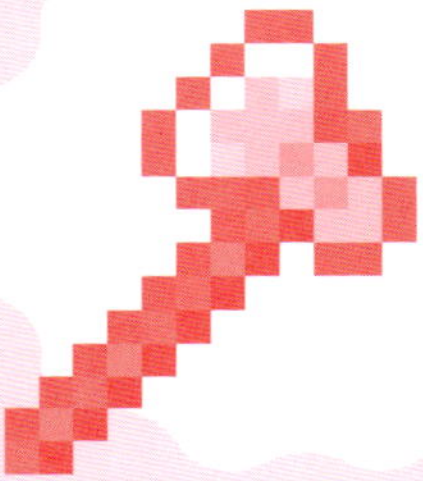

木《き》を切《き》るときに使《つか》うアイテム。

剣《けん》

ふりまわして、モンスターにダメージをあたえられる。

防具《ぼうぐ》

モンスターのこうげきから身《み》を守《まも》る。

バケツ

水《みず》をくんだり、ミルクをしぼったりできる。

エリトラ

そうびすれば、空《そら》を自由《じゆう》にとべるようになる。

第《だい》3章《しょう》

自《じ》分《ぶん》を大《たい》切《せつ》にするルール

本当《ほんとう》の気持《きも》ちを伝《つた》えよう

スティーブは新《あたら》しく手《て》に入《い》れたダイヤのツルハシをじまんしたくて、森《もり》の中《なか》で友《とも》だちと会《あ》うやくそくをしたんだ。でも向《む》かうとちゅうでクリーパーに、ばくはつされて、ツルハシがこわれちゃった。「うわ、どうしよう……」。そのとき、待《ま》ち合《あ》わせ場所《ばしょ》に友《とも》だちがやってきたんだ。ツルハシはボロボロなのに、どうやってごまかそう？

あなたならどうする？

下《した》の４つの中《なか》からいちばん近《ちか》いものを選《えら》んでね

1

スゴイふりをする

こわれた部分《ぶぶん》を見《み》せないようにじまんしてみる。

2

こわれちゃったことをかくす

ツルハシをせなかにかくして、ごまかしてみる。

3

正直《しょうじき》にうちあける

「ばくはつにあってこわれちゃった」と、本当《ほんとう》のことを話《はな》してみる。

4

うそを言《い》う

「家《いえ》に置《お》いてきた」と言《い》い、こわれたことをなかったことにしてその場《ば》をやり過《す》ごす。

正直《しょうじき》に本当《ほんとう》のことを言《い》おう

1 を選《えら》んだあなたは

こわれてないと思《おも》わせるには、何度《なんど》も言《い》いわけがひつようかも。だんだんしんどくなることもあるんだ。

2 を選《えら》んだあなたは

あとから「見《み》せて！」と言《い》われたら、こまるかもしれないんだ。小《ちい》さなごまかしが、どんどん大《おお》きくなるかもね。

3 を選《えら》んだあなたは

はじめは勇気《ゆうき》がいるけど、気分《きぶん》が楽《らく》になるよ。正直《しょうじき》に言《い》えば、相手《あいて》も助《たす》けてくれるかもしれないんだ。

4 を選《えら》んだあなたは

友《とも》だちに会《あ》うたびに話《はなし》をつくらなきゃいけなくなるんだ。あとでうそがバレたら、大変《たいへん》になるかもね。

うそはあとでめんどうくさい

うそを重《かさ》ねると、あとで苦《くる》しくなることが多《おお》いんだ。だから、はやめに正直《しょうじき》に話《はな》す勇気《ゆうき》を持《も》ちたいよね。もし言《い》いにくいなら、紙《かみ》に書《か》いてわたすのも手《て》かもしれない。いろんな方法《ほうほう》で本当《ほんとう》の気持《きも》ちを伝《つた》えれば、自分《じぶん》も相手《あいて》も気持《きも》ちよくいられるはずなんだ。ときどき失敗《しっぱい》しても、そのたびに学《まな》べばいいんだ。大切《たいせつ》なのは、自分《じぶん》を守《まも》りつつ相手《あいて》とも向《む》き合《あ》う、そんなバランスなんだよ。

本当《ほんとう》のことを言《い》えないとき

どうしても気《き》が進《すす》まないときは、まず、しんこきゅうしてみよう。言《い》いたくない自分《じぶん》をせめずに、「今《いま》は言《い》えないんだ」と受《う》け止《と》めるだけでも、少《すこ》し落《お》ち着《つ》くはず。

バレたらこわい

うそを重《かさ》ねるほど、あとでバレたらこわいんだ。言《い》えるところだけでもいいから、正直《しょうじき》に言《い》ってみよう。勇気《ゆうき》を出《だ》すだけで、気持《きも》ちがおだやかになるんだ。

正直《しょうじき》に言《い》えば わかってくれるよ

失敗《しっぱい》も大切《たいせつ》なけいけん

洞窟《どうくつ》のおく深《ふか》くで、みんなで手分《てわ》けして見《み》つけた材料《ざいりょう》が、ガラガラと転《ころ》がって溶岩《ようがん》に落《お》ちてしまった。あれだけがんばったのに、こりゃ失敗《しっぱい》だ。このまま終《お》わりにするか、もう一回《いっかい》ちょうせんするか。さて、どうしよう？ いったい、わたしはどんな行動《こうどう》を選《えら》べばいいんだろう？

あなたならどうする?

下《した》の 4 つの中《なか》からいちばん近《ちか》いものを選《えら》んでね

1

いったんあきらめる

しばらく作業《さぎょう》をやめるんだ。のんびり休《やす》むことにしよう。

2

なかったことにする

その場所《ばしょ》をはなれるんだ。気《き》づかれないように、足《あし》早《ばや》にどこかへ行《い》ってしまおう。

3

みんなをさそって立《た》てなおす

なかまをさがして「もう一度《いちど》やろう」と声《こえ》をかける。

4

ちがうやり方《かた》をためす

これまでとちがう運《はこ》び方《かた》を考《かんが》えよう。安全《あんぜん》に持《も》って帰《かえ》る方法《ほうほう》はないかな。

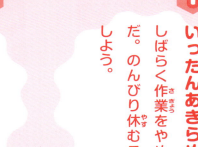

いろんな方法《ほうほう》を試《ため》そう

1 を選《えら》んだあなたは

作業《さぎょう》をやめると、気分《きぶん》が落《お》ち着《つ》くかもしれない。でもなかまといっしょに考《かんが》えるチャンスはへるかもね。

2 を選《えら》んだあなたは

そのときは、くやしくなくてすむ。けれど、あとから気持《きも》ちがモヤモヤするかも。

3 を選《えら》んだあなたは

なかまと力《ちから》を合《あ》わせれば、前《まえ》より早《はや》く作業《さぎょう》できるかも。みんなと新《あたら》しいアイデアを出《だ》し合《あ》えるはず。

4 を選《えら》んだあなたは

ちがう形《かたち》にしてみると、新《あたら》しいアイデアが生《う》まれるんだ。変化《へんか》をおそれず、チャレンジを楽《たの》しんでみよう。

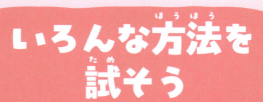

失敗《しっぱい》をいかそう

いったん失敗《しっぱい》すると、自分《じぶん》にがっかりすることもある。でも、それは次《つぎ》のちょうせんをもっとおもしろくする種《たね》になるかもしれないよ。思《おも》いきりやってみたしょうこだと考《かんが》えれば、新《あたら》しい方法《ほうほう》を見《み》つける元気《げんき》もわいてくる。失敗《しっぱい》は、自分《じぶん》だけの大切《たいせつ》なけいけんなんだ。だから、少《すこ》し休《やす》んでからまたやりなおしたり、ちがうなかまとちょうせんしてもいいんだ。

くやしくてしょうがない

失敗《しっぱい》が続《つづ》くと、投《な》げ出《だ》したくなるんだ。そんなときは、思《おも》いきり、しんこきゅうしてみよう。気持《きも》ちが少《すこ》し軽《かる》くなるかもしれないよ。紙《かみ》に「できること」を書《か》くのも手《て》なんだ。

失敗《しっぱい》を笑《わら》われてしまったら

わざと「失敗《しっぱい》しちゃった」と言《い》ってみよう。口《くち》に出《だ》すと、気《き》持《も》ちが軽《かる》くなるよ。

失敗《しっぱい》はこわくない

どんなに気《き》をつけていても、失敗《しっぱい》はときどき起《お》こるんだ。だけど、それは成長《せいちょう》のチャンスでもあるよ。取《と》り組《く》み方《かた》を変《か》えてみると、これまでとはちがうアイデアが生《う》まれることも。そもそも、チャレンジしたからこそ失《しっ》敗《ぱい》があるんだ。失敗《しっぱい》したときこそ、頭《あたま》の中《なか》で「よくチャレンジしたな」と自分《じぶん》をほめてあげよう！

自分《じぶん》をほめてあげよう

アレックスといっしょに、ゆがんだ森《もり》に来《き》たよ。なんだか不気味《ふきみ》だけど、アレックスはどんどん先《さき》に進《すす》んで、きのこライトや、ゆがんだ木材《もくざい》を手《て》に入《い》れたみたい。わたしは、どうしても勇気《ゆうき》が出《で》なくて、自信《じしん》をなくしてしまった。

こんなとき、どうすればいいのかな。

あなたならどうする？

下《した》の4つの中《なか》からいちばん近《ちか》いものを選《えら》んでね

1 まわりとくらべる

友《とも》だちよりも、自分《じぶん》のほうが上手《じょうず》なところをけんめいにさがしてみる。

2 好《す》きなことだけやり続《つづ》ける

苦手《にがて》なことはあきらめて、自分《じぶん》の好《す》きな遊《あそ》びや作業《さぎょう》をずっと続《つづ》ける。

3 今《いま》のがんばりをまとめる

小《ちい》さなことでも、今日《きょう》できたことをノートに書《か》いて自分《じぶん》のがんばりをみつける。

4 あきらめて帰《かえ》る

こわい思《おも》いをするくらいなら、家《いえ》に帰《かえ》ったほうがいいな。

もっと自分《じぶん》の信《しん》じる道《みち》へ！

1 を選《えら》んだあなたは

友《とも》だちより上手《じょうず》かどうかより、自分《じぶん》がどこまでできるようになったかに目《め》を向《む》けると、成長《せいちょう》を感《かん》じられるんだ。

2 を選《えら》んだあなたは

まわりの声《こえ》にふりまわされず、好《す》きなことを続《つづ》けると「これは自分《じぶん》のたから物《もの》だ」と思《おも》える日《ひ》がくるんだ。

3 を選《えら》んだあなたは

ノートを見返《みかえ》すと、むずかしかったことが、いつのまにか前《まえ》よりスムーズにできていることがわかるんだ。

4 を選《えら》んだあなたは

こわい場所《ばしょ》に行《い》くのは気《き》が進《すす》まないよね。でも、いつか勇気《ゆうき》を出《だ》さなくちゃならないときが必《かなら》ずくるよ。

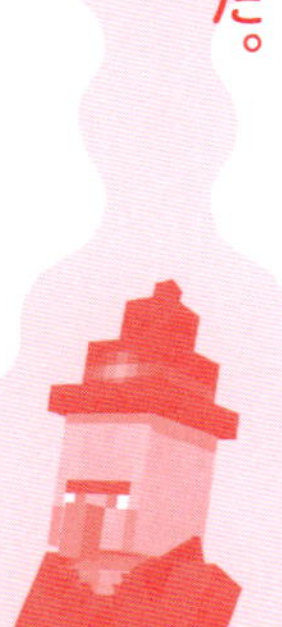

自分《じぶん》の変化《へんか》に気《き》づこう

どのやり方《かた》を選《えら》んでも、自分《じぶん》のできたことに目《め》を向《む》けると自分《じぶん》を信《しん》じられるようになる。昨日《きのう》の自《じ》分《ぶん》よりも少《すこ》し成長《せいちょう》していることに気《き》づくと、うれしくなるよね。まわりの目《め》より、自分《じぶん》の感《かん》じ方《かた》を信《しん》じるようにしよう。そんな小《ちい》さな積《つ》み重《かさ》ねが、大《おお》きな自信《じしん》になる。自分《じぶん》らしさを大事《だいじ》にするって、こういうことなんだと気《き》づけるかもしれないよ。

自分《じぶん》を好《す》きになれない

「なんでダメなんだろう」と思《おも》うときは、しんこきゅうして、少《すこ》しでもできた部分《ぶぶん》を紙《かみ》に書《か》くんだ。できなかったことだけじゃなく、できたことが見《み》えると、ちょっとだけでも自分《じぶん》をほめたくなるよ。

周《まわ》りがすごい人《ひと》ばかりに見《み》えてしまう

まわりの友《とも》だちがすごい人《ひと》に見《み》えてしまうときは、一度《いちど》まわりを見《み》回《まわ》すのをやめて、好《す》きな作業《さぎょう》や遊《あそ》びをコツコツやってみよう。自分《じぶん》にもできることが、きっとあるよ。

自分《じぶん》を好《す》きになるルール

寝《ね》る前《まえ》に今日《きょう》のできごとをふり返《かえ》って、できたことを3つ書《か》き出《だ》してみよう。最《さい》初《しょ》は照《て》れくさいけれど、いつのまにか「こんなこともできるんだ！」と気《き》づくかもしれない。そうして少《すこ》しずつ、自分《じぶん》をほめるのが自《し》然《ぜん》になっていく。そのうち、「自分《じぶん》って、けっこういいかも」と感《かん》じられる日《ひ》がくるはずだよ。

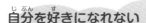

うらやましいと感《かん》じたら

素《そ》材《ざい》を集《あつ》めるのが上手《じょうず》なアレックスは、めずらしいアイテムをいくつも持《も》っているんだ。ある日《ひ》、アレックスがめずらしいレコードを手《て》に入《い》れたと聞《き》いて、スティーブは気《き》になりはじめた。「ぼくもほしいけど、手《て》に入《はい》るかな？」と考《かんが》えるうちに、モヤモヤしたんだ。

とってもうらやましい。どうしよう。

あなたならどうする？

下《した》の４つの中《なか》からいちばん近《ちか》いものを選《えら》んでね

1 だれかにたよる

レコードをくれる人《ひと》がいないか、まわりをじっくりさがしてみる。

2 あえて目《め》をそらす

アレックスの持《も》ち物《もの》を見《み》ないようにして、自分《じぶん》の作業《さぎょう》だけに集中《しゅうちゅう》する。

3 今《いま》の自分《じぶん》を見《み》なおす

持《も》っている道具《どうぐ》やつくれるものをチェック。今《いま》の自分《じぶん》ができることを考《かんが》える。

4 うらやましいと打《う》ち明《あ》ける

「すごいアイテムだね」とアレックスに言《い》ってみる。手《て》に入《い》れた方法《ほうほう》を聞《き》いてみよう。

ほかの人《ひと》のキラキラを追《お》う前《まえ》に！

1を選《えら》んだあなたは

だれかにかいけつしてもらえれば、楽《らく》だよね。でも、次《つぎ》も同《おな》じようにうまくいくとはかぎらないよ。

2を選《えら》んだあなたは

あれこれ考《かんが》えずに作業《さぎょう》を進《すす》めるんだ。でも、あとで話《はな》したくなっても、きっかけが見《み》つけにくいかもね。

3を選《えら》んだあなたは

自分《じぶん》ならではのアイデアが見《み》つかれば、すごいものができるかもしれないね。

4を選《えら》んだあなたは

うらやましいと言《い》えば、相手《あいて》がコツを教《おし》えてくれるかも。思《おも》いがけないぼうけんにさそわれちゃったり。

自分《じぶん》だけのキラキラを！

うらやましいと感《かん》じるときは、自分《じぶん》の中《なか》にある考《かんが》え方《かた》に気《き》づくチャンスになるんだ。友《とも》だちの良《よ》いところばかりに目《め》がいくのは、自分《じぶん》もだれかにみとめてもらったり、注目《ちゅうもく》してもらいたいと思《おも》っているから。それなら、自分《じぶん》にしかない力《ちから》をさがしてみよう。くらべるより、もっと楽《らく》に、自分《じぶん》を光《ひか》らせることができるんだ。

どうしても同《おな》じになりたい

友《とも》だちと同《おな》じものを目指《めざ》しても、まねできない部分《ぶぶん》があるんだ。そこを工夫《くふう》したり、あえてちがいをいかすと、自分《じぶん》だけのキラキラが生《う》まれるかも。自分《じぶん》らしい色《いろ》を足《た》せば、おもしろいものになるんだ。

もっとうらやましがられたい

自分《じぶん》をすごいと思《おも》ってほしくて、やりすぎることもあるんだ。ほかの人《ひと》からみとめられることを追《お》いかけすぎると、本当《ほんとう》にやりたいことが見《み》えなくなるかもしれないよ。

みんないいところがあるよ！

友《とも》だちのかっこいいところを見《み》ても、自分《じぶん》には自分《じぶん》の良《よ》さがあるって思《おも》えたら、気持《きも》ちが楽《らく》になるんだ。もし落《お》ち着《つ》かないなら、自分《じぶん》ができることを書《か》き出《だ》してみよう。だれかと同《おな》じにならなくても、自分《じぶん》だけのキラキラを光《ひか》らせる方法《ほうほう》がきっと見《み》つかるはずだよ。少《すこ》しずつでいいんだ。今日《きょう》からやってみよう。

ひとりの時間《じかん》も大切《たいせつ》だよ

スティーブは夕方《ゆうがた》、みんなといっしょに木《き》を切《き》ったり、牧場《ぼくじょう》づくりをしてにぎやかに遊《あそ》んでいたんだ。だけど、ちょっぴりつかれた気《き》がする。「なんだかひとりになりたいな……」そう思《おも》ったスティーブは、とちゅうの草《そう》原《げん》で立《た》ちどまって、空《そら》を見上《みあ》げた。みんなといるのは楽《たの》しいけれど、なんだかひとりでのんびりしたい気分《きぶん》なんだ。

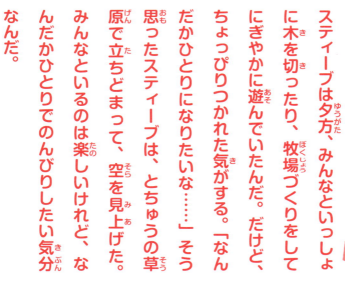

あなたならどうする？

下《した》の４つの中《なか》からいちばん近《ちか》いものを選《えら》んでね

1

そのままみんなと いっしょにいる

「じゃあね」となかなか言《い》い出《だ》せないから、みんなといっしょにいよう。

2

先《さき》に帰《かえ》るねと 声《こえ》をかける

みんなにどう思《おも》われるかちょっと不安《ふあん》だけど、先《さき》に帰《かえ》ってみようかな。

3

楽《たの》しい話《はなし》をして 気《き》をまぎらわせる

ひとりでいるのはよくないので、楽《たの》しい話《はなし》をしようかな。

4

ちがう場所《ばしょ》を さがす

もっと落《お》ち着《つ》く場所《ばしょ》を見《み》つけようと、ちがう場所《ばしょ》をさがしてみる。

ひとり時間《じかん》を もっと広《ひろ》げよう

1 を選《えら》んだあなたは

みんなとはなれるのは、ちょっぴり勇気《ゆうき》が必要《ひつよう》。だけど、そのままだとどんどんモヤモヤしてしまうかも。

2 を選《えら》んだあなたは

「また明日《あした》！」といって元《げん》気《き》に帰《かえ》れば、みんなも手《て》をふってくれるかも。

3 を選《えら》んだあなたは

「自分《じぶん》の気持《きも》ちにうそをついてしまった」と、あとで、こうかいしてしまうかも。

4 を選《えら》んだあなたは

ちがう場所《ばしょ》へ移動《いどう》してみると、気持《きも》ちがすっと、楽《らく》になるかもしれないね。

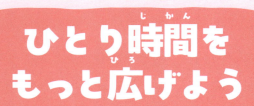

ひとりが生《う》む新《あたら》しい変化《へんか》

もしかしたら、ひとりで過《す》ごしたあとに「やっぱりだれかと、わいわいしたいな」と思《おも》うこともあるかもしれない。だけど、ひとりでいると、まわりの声《こえ》を気《き》にしなくてすむという気楽《きらく》さもある。そこから、ふしぎと落《お》ち着《つ》いた考《かんが》えがわいてくるんだ。ひとりの時間《じかん》を知《し》ることは、大《おお》きなたから物《もの》になるんだよ。さらに、まわりと過《す》ごす楽《たの》しさも、前《まえ》より大《おお》きく感《かん》じられるはずなんだ。

ひとりでいると気《き》持《も》ちがおだやかになるよ

急《きゅう》にさみしくなるとき

だれかと話《はな》したいのに話《はな》せないときがあるんだ。そんなとき、メモや絵《え》に気《き》持《も》ちを書《か》いてみよう。あとで見《み》返《かえ》すと、落《お》ち着《つ》いて行動《こうどう》できる。それでも落《お》ち着《つ》かないなら、好《す》きな音《おん》楽《がく》を聞《き》くのもいいよ。

ひとりの時間《じかん》を楽《たの》しもう

ひとりのときに不《ふ》安《あん》を感《かん》じてしまったら、自《じ》分《ぶん》がやりたいことを紙《かみ》に書《か》きだしてみるんだ。もくひょうを立《た》てて進《すす》めれば、不《ふ》安《あん》が消《き》えていくよ。本《ほん》を読《よ》む、ブロックでなにかをつくる、外《そと》をひと回《まわ》り歩《ある》くなど、ちょっとずつ動《うご》いてみると意《い》外《がい》な楽《たの》しさを見《み》つけられるんだ。そうすれば、ひとり時間《じかん》がぐんとじゅうじつするよ。

モヤモヤした気《き》持《も》ちになったら

さっきまで友《とも》だちにかしていたダイヤの剣《けん》が、ボロボロになってもどってきたんだ。びっくりして剣《けん》を見《み》ていたら、別《べつ》の友《とも》だちがこっちを見《み》てクスクス笑《わら》ってる。「もう使《つか》えないね」って言《い》われている気《き》がして、いやな気《き》持《も》ちになった。この剣《けん》には、いっしょにモンスターをたおした思《おも》い出《で》がいっぱいつまっているんだ。笑《わら》われるのは、くやしい。

あなたならどうする？

下《した》の４つの中《なか》からいちばん近《ちか》いものを選《えら》んでね

1

わざとじゃないからと自分《じぶん》に言《い》い聞《き》かせる

頭《あたま》の中《なか》で「わざとじゃない」とつぶやきながら、こわれた物《もの》をそっとカバンにしまう。

2

どうしてこわれたのかを聞《き》く

こわれた理由《りゆう》を知《し》りたくて、かした相手《あいて》に「なにがあったの？」と聞《き》いてみる。

3

大人《おとな》にいいつける

先生《せんせい》や家《いえ》の人《ひと》など大人《おとな》に、こわれたことをそのまま伝《つた》えて、こわした相手《あいて》に注意《ちゅうい》してもらう。

4

かした友《とも》だちにもんくを言《い》う

「どうしてこわしたんだ！」と強《つよ》い口調《くちょう》で問《と》いつめる。

この先《さき》にいくつか道《みち》がある

1を選《えら》んだあなたは

落《お》ち着《つ》くきっかけにはなるけど、本当《ほんとう》の気持《きも》ちを言《い》わないままだと、あとでモヤモヤが残《のこ》るかもしれないんだ。

2を選《えら》んだあなたは

相手《あいて》の話《はなし》を聞《き》けば、思《おも》わぬ理由《りゆう》がわかるかも。言《こと》葉《ば》を交《か》わすうちに、おたがいのごかいがとけそうだよ。

3を選《えら》んだあなたは

先生《せんせい》やおうちの人《ひと》に相談《そうだん》すれば、話《はなし》を聞《き》いてくれるんだ。ひとりでかかえなくていいので安心《あんしん》できるかも。

4を選《えら》んだあなたは

すぐもんくをぶつければ、気持《きも》ちをはき出《だ》せるかもしれない。でも相手《あいて》との関係《かんけい》が悪《わる》くなることもあるんだ。

自分《じぶん》を知《し》るチャンスがとうらい！

もしかすると、自分《じぶん》が気《き》づかないところで相手《あいて》もこまっているかもしれないんだ。ちょっと勇《ゆう》気《き》を出《だ》して気持《きも》ちを伝《つた》え合《あ》えば、いっしょに前《まえ》に進《すす》めそうだよ。思《おも》いきって声《こえ》をかけたら、「自分《じぶん》は本当《ほんとう》はこう思《おも》っていたんだ」と、はっきりするかもしれない。そして、ときには相手《あいて》の気持《きも》ちにも目《め》が向《む》くんだ。どんな選《えら》び方《かた》でも、自分《じぶん》を知《し》るチャンスになるんだよ。

どうしても なきそうになるとき

悲《かな》しくてなみだが出《で》そうになったら、周《まわ》りを見《み》わたして、静《しず》かな場所《ばしょ》へ行《い》ってみよう。そこで、しんこきゅうしたり、水《みず》を飲《の》んだりして落《お》ち着《つ》くんだ。落《お》ち着《つ》いてから、だれかに話《はな》せば気持《きも》ちが楽《らく》になるかもしれない。

モヤモヤは次《つぎ》に進《すす》むためのヒントだよ

くやしさやモヤモヤは、自《じ》分《ぶん》が本当《ほんとう》に大切《たいせつ》にしていることを教《おし》えてくれるサインなんだ。だから、まずは気《き》持《も》ちを整理《せいり》して、自分《じぶん》がなにをのぞんでいるのか考《かんが》えてみよう。それがわかると、どう動《うご》けばいいのかも見《み》えてくるんだ。そうやって行《こう》動《どう》できたとき、きっと自分《じぶん》の気《き》持《も》ちを大切《たいせつ》にしながら相手《あいて》とも向《む》き合《あ》えるようになるはずだよ。

イライラしたらいったんストップ！

森《もり》を歩《ある》いていたら、イライラをため
こんだクリーパーがこっちにやって
きた。ずっとぷしゅーぷしゅーって
音《おと》をたてて、最後《さいご》にはドカン！
「びっくりした！」
急《いそ》いで逃《に》げたので無事《ぶじ》だったけど、
ばくはつで木《き》も地面《じめん》もあっという間《ま》
にこわれて、まわりはめちゃくちゃ。
あなたなら、どうする？

あなたならどうする？

下《した》の４つの中《なか》からいちばん近《ちか》いものを選《えら》んでね

1 まわりにむかって どなる

「なにするんだよ！」って大声《おおごえ》を出《だ》すんだ。いかりにまかせて動《うご》いてみるよ。

2 ばくはつあとを ながめて落《お》ちこむ

こわれた場所《ばしょ》を見《み》つめてため息《いき》をつく。

3 いかりのかわりに しんこきゅう

いかりが出《で》そうになったら、大《おお》きく息《いき》をすってはくんだ。

4 いったん そこからはなれる

すぐにはなにもせず、どこかほかの場所《ばしょ》へ。落《お》ち着《つ》いてから、どうするか考《かんが》える作戦《さくせん》だよ。

イライラの正体《しょうたい》をさぐろう

1 を選《えら》んだあなたは

大声《おおごえ》を出《だ》すと、一時《いちじ》はすっきりする。でも、みんなはいやな思《おも》いをするかもしれないよ。

2 を選《えら》んだあなたは

落《お》ちこんでしまうと、体《からだ》が動《うご》きにくくなるんだ。まわりを見《み》わたすよゆうも、なくなりがちだよ。

3 を選《えら》んだあなたは

しんこきゅうすると、頭《あたま》の中《なか》が少《すこ》しすっきりするんだ。イライラを外《そと》にはきだして、落《お》ち着《つ》きを取《と》りもどそう。

4 を選《えら》んだあなたは

いったんはなれれば、自《じ》分《ぶん》の頭《あたま》の中《なか》を整理《せいり》する時《じ》間《かん》ができるよ。そこからベストな方法《ほうほう》が思《おも》いつくかもしれないね。

とまらない気《き》持《も》ちを見《み》つめて

イライラしているときは、自分《じぶん》がなににぶつかっているか見《み》えにくくなるんだ。まわりが気《き》にならなくなるし、言葉《ことば》もあらくなるかもしれない。でも少《すこ》しでも「これはいかりのサインかも」と思《おも》えたら、まずは立《た》ち止《ど》まってみよう。いかりを感《かん》じる自分《じぶん》を受《う》けとめると、心《こころ》が軽《かる》くなることがあるんだ。

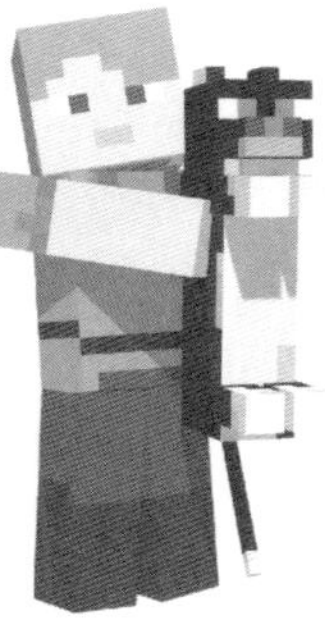

ばくはつしそうなとき

こらえきれないイライラがわいてくるときは、まず、しんこきゅうして気《き》持《も》ちを落《お》ち着《つ》かせよう。時《じ》間《かん》をおいたり、紙《かみ》に書《か》き出《だ》したりすると、イライラが少《すこ》しずつ静《しず》まるかもしれないんだ。

伝《つた》え方《かた》がわからないとき

「わかってほしいのに！」って思《おも》うのに、うまく言葉《ことば》にできないこともあるんだ。そんなときは身《み》ぶりや絵《え》を使《つか》ってみると、意《い》外《がい》と伝《つた》わりやすいよ。

イライラは心《こころ》の案内役《あんないやく》

イライラって悪者《わるもの》に見《み》えるけど、実《じつ》は「ここを気《き》にしているんだよ」と教《おし》えてくれるサインなんだ。そこに気《き》づいて、どんな行動《こうどう》がいいか考《かんが》えれば、くやしい気《き》持《も》ちをただぶつけるだけじゃなく、次《つぎ》の一歩《いっぽ》をつくれるようになるよ。試《ため》してみるうちに、きっと「ばくはつする前《まえ》に落《お》ち着《つ》く」コツが身《み》につくはずなんだ。

こまったときは「助《たす》けて」と言《い》おう

ネザーをたんけんしていたら、ブレイズとガストにおそわれて、あわてて逃《に》げたんだ。気《き》づくと、足《あし》もとがくずれて真《ま》っ赤《か》な溶岩《ようがん》がすぐそこまでせまってきている。これはまずい。ふと見《み》たら、近《ちか》くにストライダーが浮《う》かんでいたんだ。

でも、その子《こ》に「助《たす》けて」と言《い》うのは、なんだかちょっと気《き》がひける。こんなとき、どうする？

あなたならどうする？

下《した》の４つの中《なか》からいちばん近《ちか》いものを選《えら》んでね

1 ひとりで、もう少《すこ》し がんばってみる

足場《あしば》を組《く》もうとして、とにかく進《すす》み続《つづ》ける。まだ方法《ほうほう》があるはずだ。

2 助《たす》けを求《もと》める

ストライダーに近《ちか》づいて、「手伝《てつだ》ってほしい」と声《こえ》をかける。

3 もうだめだと あきらめる

助《たす》かる道《みち》はないと考《かんが》えて、道具《どうぐ》をおろし、動《うご》くのをやめてしまう。

4 大声《おおごえ》を出《だ》す

周《まわ》りに気《き》づいてもらえるかはわからないけど、その場《ば》にしゃがんで、思《おも》いきり大《おお》きな声《こえ》を出《だ》す。

たくさんの手《て》に支《ささ》えられて

1を選《えら》んだあなたは

必死《ひっし》に行動《こうどう》を続《つづ》けるうちに、新《あたら》しいやり方《かた》が見《み》つかるかもしれない。もしつかれたら、次《つぎ》の一手《いって》を考《かんが》えてみよう。

2を選《えら》んだあなたは

「お願《ねが》い！」と言《い》えば、相《あい》手《て》も動《うご》きやすくなるんだ。ひと声《こえ》かけるだけで、思《おも》わぬ力《ちから》がかりられるよ。

3を選《えら》んだあなたは

いったん休《やす》んでも、あとからやりなおせることがある。無理《むり》と思《おも》ったあとに、ちがう考《かんが》えがひらめくこともあるよ。

4を選《えら》んだあなたは

大声《おおごえ》をあげれば、だれかが気《き》にかけてくれるかもしれない。落《お》ち着《つ》いたら、もう一度《いちど》どう動《うご》くか考《かんが》えてみよう。

ひとりきりじゃない

どの方法《ほうほう》を選《えら》んでも、自分《じぶん》の気持《きも》ちを見《み》つめなおすきっかけが生《う》まれるんだ。「助《たす》けて」と言《い》えたら、ほっとするかもしれないし、ひとりでチャレンジしてみてわかることもある。まわりを見《み》わたせば、支《ささ》えてくれる手《て》があるかもしれない。そう気《き》づくと、気持《きも》ちが軽《かる》くなるんだ。だれかに声《こえ》をかけられなくても、思《おも》わぬ場面《ばめん》で助《たす》け合《あ》えることが見《み》えてくるんだ。

味方《みかた》は
きっといるよ

あきらめたくなったとき

もうがんばれない、と思《おも》うときは、自分《じぶん》にやさしくしてみよう。好《す》きなことをして、体《からだ》と気持《きも》ちをリフレッシュさせるのもいいんだ。

声《こえ》をあげて一歩前《いっぽまえ》へ

「助《たす》けて」と言《い》えると、まわりの力《ちから》を集《あつ》められるんだ。いろいろ試《ため》しながら、自分《じぶん》に合《あ》う方法《ほうほう》を見《み》つけよう。友《とも》だちや先生《せんせい》、大人《おとな》にちょっと声《こえ》をかけるだけでも、思《おも》わぬ助《たす》けが返《かえ》ってくることがある。こうして行動《こうどう》を重《かさ》ねるうちに、自分《じぶん》を守《まも》れるようになるんだ。積《つ》み重《かさ》ねが、自信《じしん》にもつながる。だからこそ、声《こえ》を出《だ》せるときは「助《たす》けて」って言《い》おう。

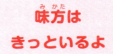

新《あたら》しい自分《じぶん》にちょうせん

ついにエンダードラゴンをたおしに行《い》く日《ひ》がやってきた。遠《とお》くにあるエンドの世界《せかい》も、みんなで行《い》けばこわくない！ だけど、もし強《つよ》いてきにかこまれたらどうしよう？ ワクワクもあるけど不安《ふあん》もあるんだ。でも、ここまで来《き》たら前《まえ》に進《すす》むしかない。次《つぎ》の一歩《いっぽ》をふみだすために…どうする？

あなたならどうする？

下《した》の４つの中《なか》からいちばん近《ちか》いものを選《えら》んでね

1

もっと強《つよ》くなるためにトレーニング

毎日《まいにち》ジャンプやダッシュを練習《れんしゅう》して、戦《たたか》う技《わざ》をきたえるんだ。

2

なかまをふやすために声《こえ》をかける

できるだけ多《おお》くの人《ひと》に声《こえ》をかけよう。そうすれば、いつかきっと助《たす》けてくれる。

3

余分《よぶん》に道具《どうぐ》を準備《じゅんび》しておく

友《とも》だちがピンチのときに助《たす》けられるように準備《じゅんび》しておくんだ。

4

むずかしいことに立《た》ち向《む》かうチャレンジ

高《たか》いところに登《のぼ》ったり、せまい道《みち》を進《すす》んだりして、いろいろなことにチャレンジしておくんだ。

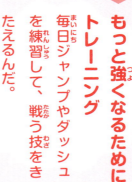

もっと先《さき》へ進《すす》む ためのヒント

1 を選《えら》んだあなたは

体《からだ》を動《うご》かしていれば、きっとなかまがふえていく。たくさん練習《れんしゅう》して、レベルを上《あ》げていこう。

2 を選《えら》んだあなたは

いろんな人《ひと》とかかわりをもっていれば、新《あたら》しい助《たす》け合《あ》いが生《う》まれる。協力《きょうりょく》プレイで乗《の》りきろう！

3 を選《えら》んだあなたは

先《さき》に準備《じゅんび》をしておけば、いざというときに友《とも》だちを守《まも》ってあげられるかも。

4 を選《えら》んだあなたは

これまでやってこなかったことにちょうせんすると、自然《しぜん》となかまがふえるかも。

チャレンジで広《ひろ》がる自分《じぶん》

新《あたら》しいことをためすと、自分《じぶん》の世界《せかい》が広《ひろ》がるんだ。ときにはうまくいかないこともあるけれど、そのたびに新《あたら》しい発見《はっけん》がある。少《すこ》しでも前進《ぜんしん》しようとするうちに、今《いま》までできなかったことができるようになるかもしれない。ちょうせんしているうちに、自分《じぶん》のもくひょうや夢《ゆめ》が形《かたち》になっていくんだ。新《あたら》しい一面《いちめん》を友《とも》だちと分《わ》かち合《あ》えるかもしれないね。

やる気《き》がわかないとき

なにをしても進《すす》まない感《かん》じがしたら、もくひょうを小《ちい》さく分《わ》けてみるんだ。まずはかんたんなところから取《と》りかかれば、つぎのもくひょうを見《み》つけられるよ。

あせりが止《と》まらないとき

新《あたら》しいことにチャレンジしていると、急《きゅう》にあせってしまうことがあるんだ。いったん手《て》を止《と》めれば、頭《あたま》の中《なか》がすっきりするよ。

最後《さいご》にふみ出《だ》す大《おお》きな力《ちから》

新《あたら》しいことにちょうせんするときは、わからないことだらけだよね。でも、やりたい気持《きも》ちがあるなら、一《いっ》歩《ぽ》ずつ進《すす》んでみるといい。なかまと助《たす》け合《あ》ったり、いろんなじょうほうを集《あつ》めたりするうちに、自分《じぶん》だけの方法《ほうほう》が見《み》つかるかもしれない。最後《さいご》まであきらめずに走《はし》り続《つづ》けることは、思《おも》いえがいたゴールにたどりつける近道《ちかみち》なんだ。

ちょっと変《か》わったブロック

マインクラフトのゲームには、いろんなブロックがあるんだよ。ぜんぶ知《し》っているかな？

的《まと》

矢《や》を当《あ》てると信号《しんごう》を出《だ》すふしぎなブロック。

エンチャントテーブル

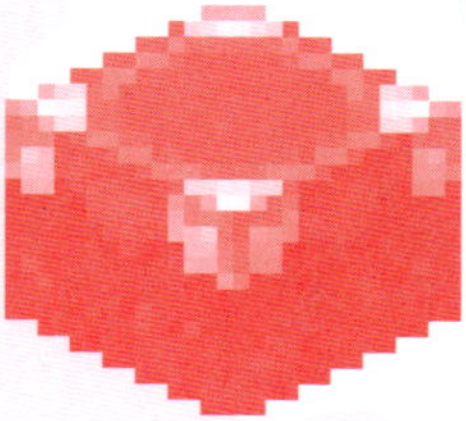

アイテムにまほうの力《ちから》をあたえるための台《だい》。

リスポーンアンカー

いせかいでもふっかつできるようになるブロック。

ジュークボックス

レコードを入《い》れると音楽《おんがく》が鳴《な》るぞ。

トラップチェスト

開《あ》けるとわなが作動《さどう》するあぶない箱《はこ》。

燻製器《くんせいき》

肉《にく》をこんがり焼《や》いて調理《ちょうり》できるブロック。

製図台《せいずだい》

地図《ちず》を大《おお》きくしたり、コピーしたりできる台《だい》。

溶鉱炉《ようこうろ》

鉱石《こうせき》をとかして新《あたら》しい材料《ざいりょう》をつくるためのブロック。

オブザーバー

目《め》の前《まえ》を見張《みは》ってくれる便利《べんり》なブロック。

日光検出器《にっこうけんしゅつき》

光《ひかり》が当《あ》たると信号《しんごう》を出《だ》すブロック。

レッドストーンランプ

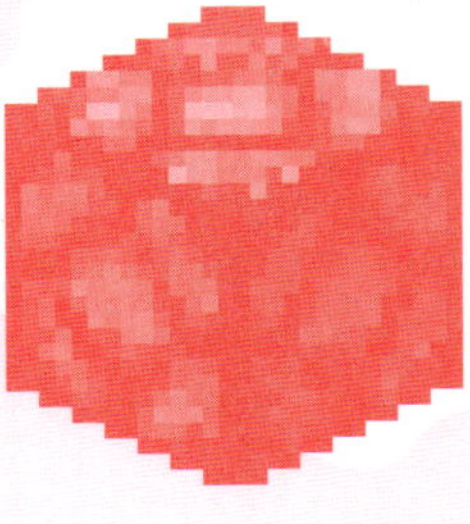

信号《しんごう》を送《おく》るとピカッと光《ひか》るブロック。

エンダーチェスト

中《なか》に入《い》れたものを別《べつ》のところから取《と》り出《だ》せるふしぎな箱《はこ》。

みんなで使《つか》うまほうの言葉《ことば》

おはよう

こんにちは

友《とも》だちに会《あ》ったら、最初《さいしょ》にあいさつ！ ふわっとあたたかい気持《きも》ちになるよ。

うれしい

ありがとう

いいことをしてくれた相手《あいて》には、かんしゃの言葉《ことば》をわすれずに。

ごめんなさい

だいじょうぶ？

わざとじゃないことを伝《つた》える前《まえ》に、まず友《とも》だちを気《き》づかってあげよう。

いいね

オッケー

いいアイデアを聞《き》いたり、よびかけに答《こた》えたりしたときの合《あ》い言葉《ことば》だよ。

まちがいはだれにでもあるよ。自分《じぶん》が失敗《しっぱい》したときは声《こえ》に出《だ》してみとめよう。気《き》持《も》ちが楽《らく》になるよ。

うわさ話《ばなし》にまどわされないように、自分《じぶん》の目《め》や耳《みみ》でたしかめてみよう。

楽《たの》しいことやいいことがあったときは、その気《き》持《も》ちを友《とも》だちと言《い》い合《あ》いっこ。

家《いえ》に帰《かえ》るときに、友《とも》だちにわかれのあいさつ。明日《あした》も楽《たの》しく遊《あそ》ぼうね。

さっそく今日《きょう》からはじめよう！

友《とも》だちとのルール

友《とも》だちができると、毎日《まいにち》が楽《たの》しくなるよ。けれど、いいことばかりじゃない。意見《いけん》がくいちがったり、ケンカしたりすることもあるよ。みんなちがう考《かんが》えを持《も》っているのはあたりまえ。相手《あいて》の話《はなし》を聞《き》いたり、あやまったりすれば、相手《あいて》と、もっとなかよくなれるんだ。それは、相手《あいて》を大切《たいせつ》にすることでもあるんだよ。

ときには勇気《ゆうき》を出《だ》してみよう

はじめてのチャレンジにドキドキしたり、声《こえ》に出《だ》すのがはずかしくなったり。そんなことってよくあるよね。思《おも》い切《き》って、少《すこ》しだけ前《まえ》に進《すす》んでみよう。すると、ふしぎとできてしまうものなんだ。その、ほんの少《すこ》しだけ前《まえ》に進《すす》もうとする気持《きも》ちを「勇《ゆう》気《き》」というんだよ。勇気《ゆうき》があれば、きっと友《とも》だちもついてくるよ。

自分《じぶん》のことを大切《たいせつ》にしよう

長《なが》く友《とも》だちと会《あ》っていたら、どうしてもがまんできないことがきっと出《で》てくるよ。それを言葉《ことば》にして伝《つた》えると、もしかしたらきらわれるかもしれない。けれど、自分《じぶん》の気持《きも》ちを信《しん》じることも大切《たいせつ》。悪《わる》いさそいを受《う》けても、自分《じぶん》の考《かんが》えをはっきり伝《つた》えるんだ。自分《じぶん》のことを、いちばんに考《かんが》えよう。

あなたはひとりではないんだ。いつも家族《かぞく》が見守《みまも》ってくれている。友《とも》だちも、自分《じぶん》も、大切《たいせつ》にして、いろんな人《ひと》となかよくなっていこう。

プロフィール

相川 充（あいかわ あつし）
東京学芸大学名誉教授。対人社会心理学を専門とし、不登校やいじめといった子どもたちが直面する問題を解決するため、学校現場にソーシャルスキル教育を導入。多方面から大きな関心を集めている。著書・監修書は『人づきあい、なぜ7つの秘訣？ポジティブ心理学からのヒント』（新世社）『大人になってこまらない マンガで身につく 友だちとのつきあい方』（金の星社）など多数。

マイクラ職人組合（まいくらしょくにんくみあい）
長年マインクラフトをプレイする熟練建築家から、はじめてまもない期待のルーキーまで幅広く参加するマイクラ愛好会。クリエイティブモード、サバイバルモード問わず、日々黙々と遊ぶ技術者たちが集まっている。2014年に発足。

カバー・表紙デザイン
クマガイグラフィックス

編集・本文デザイン・DTP
タトラエディット

編集協力
平野可奈子
Christopher Samkinson

企画・編集
九内俊彦、矢冨知子

毎日楽しい!
マインクラフトで学ぶ
お友だちとなかよく過ごすためのルール

2025年4月24日　第1刷発行

監　修　　相川 充
著　者　　マイクラ職人組合
発行人　　関川 誠
発行所　　株式会社宝島社
〒102-8388
東京都千代田区一番町25番地
電話　営業03-3234-4621
編集03-3239-0646
https://tkj.jp

印刷・製本　サンケイ総合印刷株式会社

ISBN 978-4-299-06676-3